大展好書　好書大展
品嘗好書　冠群可期

大展好書　好書大展

品嘗好書　冠群可期

實用武術技擊 ⑯

安在峰 編著

武林點穴搏擊秘技

大展出版社有限公司

前　言

　　點穴搏擊有著悠久的歷史，它是中國武術的一個重要組成部分，也是一份極爲寶貴的民族文化遺產。點穴搏擊歷來深受武林各家重視，秘不外傳，給點穴搏擊添上了神秘的色彩。

　　點穴搏擊是以人身穴道和經絡爲所擊目標，以不通則痛等理論爲依據，施點、戳、打、拿、踢等不同手法，用迅雷不及掩耳之勢，急脆快猛地運用功力，點擊人體要害穴位，以截斷對方營衛之氣，使氣血閉塞不能流通，達到制服對手保護自己爲目的的一項攻防技術。

　　本書是一部系統、完整地介紹點穴搏擊的書籍，它以理論與實踐相結合爲原則，以挖掘、整理秘傳點穴搏擊絕技爲宗旨，首先對點穴搏擊下了明確定義，介紹了點穴搏擊的特點、原理、功法及有關基礎知識，進而介紹了點穴搏擊的內外功法和基本技法。

　　在點穴搏擊實踐應用裏，著重講述了少林點穴搏擊絕技、武當點穴搏擊秘技、功家點穴搏擊神技、民間點穴搏擊奇技以及點穴搏擊拳的練習套路和每個動作在點穴中的實戰用法。

　　在本書的最後還介紹了人體要害部點陣圖、人體

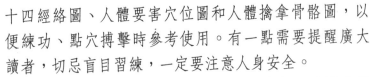

十四經絡圖、人體要害穴位圖和人體擒拿骨骼圖，以便練功、點穴搏擊時參考使用。有一點需要提醒廣大讀者，切忌盲目習練，一定要注意人身安全。

本書介紹的可謂是少林、武當、功家、民間武林之真功、秘技、絕招，它剛健有力，點打定位，集拳、功、技、理於一體，招招精純，勢勢管用，用之見效，以效稱絕，在武林中獨樹一幟。

本書力求敘述準確、言簡易懂、文圖並舉，對武術搏擊愛好者有一定的幫助，對武警、保安人員及廣大人民群眾防身制敵有一定的指導意義，同時對武術工作者也有一定的參考價值。

編著者 於漢高故里

武林點穴搏擊秘技

作者簡介

　　安在峰（筆名：居山、艾峰、安康、安迪、慧根、戈盾、劍聖、居山劍聖、武林儒生），男，1957年11月出生，江蘇省豐縣人，大專畢業，中共黨員，現爲中國體育史學會會員、小學高級教師。

　　自幼練武、習醫，通曉武術、散打、推手、中醫、美術，擅長寫作著書。在省級以上報刊雜誌上發表文學性、理論性、技術性文章近400篇；在人民體育出版社、北京體育大學出版社、山東科學技術出版社、中原農民出版社、河南科學技術出版社、安徽科學技術出版社、臺北品冠文化出版社、臺北大展出版社分別出版的專著有《八極拳運動全書》《飛花長穗劍》《大鴻拳》《42式太極拳意氣勢練法》《陳式太極拳意氣勢練法》《楊式太極刀分解教學》《太極推手絕技》《太極推手秘傳》《太極拳推手快速入門不求人》《太極拳搏擊精萃》《武林硬功絕技》《武林輕功絕技》《武林擒拿絕技》《武林卸骨拿筋術》《防搶防盜護身術》《解危奇拳》《海外搏殺》《拳擊快速入門》《拳擊實戰提高》《世界拳王成名技法》《世界拳王爭霸絕技》《拍打健身祛病功》《常見病拔罐療法》《常見病艾灸療法》《常見病貼敷療

法》《常見病薰洗療法》《常見病指針療法》《神奇拍打療法》《神奇藥茶療法》《神奇藥酒療法》《飲食宜忌與健康》等70餘部。作品多次在全國獲獎，編著的《出招制勝》一書獲第七屆全國圖書「金鑰匙」獎優勝獎。多次被豐縣縣委、豐縣人民政府嘉獎，評爲先進工作者。

徐州人民廣播電臺、豐縣人民廣播電臺和《徐州日報》《徐州宣傳》《豐縣日報》等新聞媒介專題介紹過其事蹟，並入選《古豐新歌》《一路風流》《實幹家》《太陽下的夢》等報告文學集。其名已入編《中國武林人物志》《中國當代武術家名典》《中國太極拳辭典》《中國民間名人錄》《世界名人錄》《科學中國人／中國專家人才庫》《徐州市體育資料》《彭城武林》《豐縣誌》等20多種志書。

武林點穴搏擊秘技

目　錄

目

錄

武林點穴搏擊秘技

目

錄

武林點穴搏擊秘技

目

錄

武林點穴搏擊秘技

第一章　緒　論

第一節　點穴搏擊概述

點穴搏擊歷史悠久，源遠流長，是我國寶貴的文化遺產，也是獨具民族風格的搏擊項目。

點穴搏擊，精彩別致，獨樹一幟，內容豐富，法理精深。它是在我國經絡學說、武術功夫、散打搏擊等學科的基礎上，利用內、外功力，及踢、打、摔、拿等基本技法，取其要害穴位進行攻擊而制勝的一種搏擊技術。點穴搏擊技術性強，要求很高，施術者不僅要具備人體解剖學知識、經穴知識、搏擊技法，而且還應具有過硬的點穴搏擊功夫，只有這樣才能用之得心應手，才能實現制勝對方的目的。這就要求必須長期堅持練習，提高各方面的機能和素質，增強點穴搏擊的技能、技巧和方法，從而也培養了勇敢、頑強、靈活、機智、沉著、果斷等良好的意志品質，提高了自身防衛的能力。為了使大家更好地學習《點穴搏擊秘技》，下面先將該書的內容作一整體概述。

本書包括緒論、點穴搏擊功法、點穴搏擊基本技法、點穴搏擊實踐、點穴搏擊拳術等內容。

　　緒論一章對點穴搏擊概念、特點、原理及經絡、穴位等點穴基礎知識作了精闢的論述和介紹。

　　點穴搏擊功法一章，對內功、硬功均作了詳盡的介紹。其內力金剛手、太古意手功、洗髓易筋經功均屬傳統的秘傳真功，而硬功均屬精選出的幾種具有針對性、簡便易行、收效較快的基本功法，照之操練，可事半功倍。

　　點穴搏擊基本技法一章，對點穴搏擊指法、掌法、拳法、肘法、膝法、腿法作了詳盡的介紹和圖解。

　　點穴搏擊實踐一章，對少林點穴搏擊絕技、武當點穴搏擊秘技、功家點穴搏擊神技、民間點穴搏擊奇技均以圖解形式，從穴名、取穴、點法、要點、解法、身體效應等方面對不同部位的要害穴位的點、打、踢、拿做了詳盡的介紹。照之練習純熟，用之可得心應手，大見成效。

　　點穴搏擊拳術一章，對點穴搏擊拳單練套路及對拆作了介紹和圖解，以便熟悉招法，用之於健身。

　　在本書的最後，提供了人體要害部位、要害穴位、骨骼、經絡、動靜脈分佈、肌肉圖，便於查找和參考。

第二節　點穴搏擊釋義

　　對於「點穴」「搏擊」之類的詞我們並不陌生，然而在人們中間普遍流行的點穴無非是醫療保健點穴或是武俠小說中的神奇莫測的描繪，搏擊說的無非是現代的散打、散手、技擊之類的東西，作為傳統點穴搏擊卻鮮為人知，雖在一些專業雜誌上也有所介紹，但也難成完整的體系，人們對點穴搏擊仍缺乏一個完整而又正確的概念，鑒於

此，特將點穴搏擊解釋如下。

點穴搏擊是運用武功的內、外功力和武術散打的踢、打、摔、拿、點等技擊技法，以對手的經絡穴位為攻擊目標，進行相互攻擊與防守的對抗運動。

細緻說來就是，將功力通過某一部位（指、掌、拳、肘、膝、腳等），以一定的搏擊技法，快速、準狠地施加到被點者之穴位上，使刺激感進入其經絡後呈雙向性的線狀或帶狀傳導影響（阻止或擾亂）其經絡中氣血運行傳注的動力——「經氣」，由此而造成一系列的嚴重後果：經氣（沿著經絡的氣）不通或阻滯——氣血運行受阻或逆亂（根據中醫學臟腑理論）——臟腑功能失調減退——人身動作機能失調（產生疼痛、酸軟、麻木、昏暈及死亡等一系列症狀）——喪失反擊能力，從而達到取勝和自衛目的的一種精深的技擊術。

但是，在此要提醒廣大讀者，本書的寫作目的旨在整理、挖掘民族文化遺產，請在習練的過程中，切忌盲目，一定要注意人身安全。

第三節　點穴搏擊特點

點穴搏擊是針對人體各部要害穴位，運用武功功力，施以踢、打、摔、拿、點等技擊技法來使對方失去反抗能力的。它有以下特點：

一、意氣力合，功力為本

在點穴搏擊裏，點穴是否能夠收到搏擊制勝的效果，

關鍵在於功力是否能達到傷穴的要求。若要使功力達到傷穴的要求，在點穴搏擊中必須做到意、氣、力合一。

意是指意念，意念有利於身體氣血調和，激發調動人體內潛在能力，誘發聚集人體之內氣。

氣是指呼吸，呼吸能調動人體的內氣，使之可聚可發，聚則凝集儲存於腹部，發則經意導氣，用意念統領內氣循經絡路線運行全身，疏通經絡之氣血。

「而氣在先行，力在後隨，丹田氣盛，而力足」（見《少林氣功》）。點穴搏擊動作與功夫中的意念、呼吸密切結合，則可提高點穴搏擊之功力。功力是點穴搏擊基礎，有了功力，點穴搏擊才能奏效，才能達到制勝對方的目的。意氣力合則是點穴搏擊的突出特點。

二、技法全面，以技制人

點穴搏擊只具功力是不夠的，還應懂得踢、打、摔、拿、點等各種技擊技法，善於施用各種奇妙招法，待機而動。完成動作時要避實就虛，隨機應勢，順勢應招，取準穴位，運用功力，巧施技法，一擊則中，中則穴傷，以技制人。

三、部位精細，穴為要害

點穴搏擊所攻擊的部位比現代散手的攻擊部位更精細化、更具體化，它把部位縮小到了一個穴位。

點穴搏擊裏所擊打的穴位一般都是散手要害部位中的要害穴位，這樣擊打雖然增加了一定難度（因攻擊目標小了），但是擊打效果卻增加了，擊到穴位上，要比不擊打

在穴位上的效果明顯得多。這是因為，要害穴位是處在要害部位上的，是人體的薄弱環節，其次是經絡上的穴位是氣血運行通路的交會點，穴傷可使人體氣血的正常運行受到破壞，再次是點穴而傷穴所在之經脈，破壞臟腑、表裏之間的聯繫，造成氣血運行的中斷，使人體陰陽失去平衡，臟腑得不到氣血的滋養，從而使機體正常功能得不到正常維持，能傷及內臟，或致使死亡。

四、功技結合，內外兼施

點穴搏擊是功力和技擊技法的有機結合，對穴位施以擊打來實現制人之目的的。功力是根本，技法是手段，傷穴制人才是目的。因此，點穴搏擊中，每一成功之法均為功技結合、內外兼施的結果。

點穴搏擊中，整個動作都貫穿著呼吸、意念、力量、招勢、技法、技巧、動作方法，這樣就使功力與技法、內勁與外型有機地結合在一起。

其結合的規律是：動作起時，以鼻吸氣，意念氣沉丹田，擊打時，呼氣，意念內氣行至進攻部位。這樣做的好處是，能發出穿透力，內氣能作用在穴位上，產生一定的效用，進而達到點穴制人的理想效果。

第四節　點穴搏擊原理

一、技擊技法可使功力施加在穴位上

在點穴搏擊中，透過踢、打、摔、拿、點等技擊技

法，可使功力從指、掌、拳、肘、膝、腿等部位上釋放出來，施於對方的要害穴位上，給對方穴位造成刺激，這種刺激可由皮膚通過穴孔傳到經絡，致使經絡受傷，氣血不能通暢，而嚴重影響內臟，使內臟失去生理功能。故此，習練者一定要注意力度，確保安全。

二、功力有一種強烈的穿透力

功力大者能將「內氣」由某部位，釋放於外形成「外氣」，而「外氣」隨著點打手法由穴位皮膚進入經絡後，可以形成如下效果。

其一，具有擾亂被點者氣血流轉，造成陰陽失調。其二，具有較強的穿透能力和擊打力。

我國科學家用現代儀器測得「內氣」是一種「受低頻漲落調製的紅外線輻射」，是帶電荷的粒子流。粒子是物質，當把粒子加速到具有很高的速度時，可成高能粒子，當高能粒子在運動中與其他物體發生碰撞時，就會對這個物體產生一個強大的力，即穿透力和擊打力，而這種力正是傷害穴位重要因素之一。

三、穿透力可致穴傷而阻斷氣血損傷臟腑

人之生命活動，全靠體內之氣血。醫家有言：「氣血為人生養命之源。」氣血如有損害，養命之源亦傷。而生機亦因此而絕。點穴搏擊時對對方穴位施以外力，則可由穴穿透至經絡，可阻斷其氣血在經絡中的運行，使其阻塞，會使全身功能失調，使陰陽失去平衡，臟腑得不到氣血的滋養而損傷，從而對人體造成傷害。

第五節　點穴基礎知識

一、經絡介紹

經絡是人體氣、血、津運行的主要通道，其幹線叫經，分支叫絡。經絡有規律地循行路線和錯綜複雜地聯絡交會，遍佈全身，將人體所有的內臟器官、孔竅以及皮毛筋肉骨骼等組織緊密地聯結成一個統一的有機整體。

經絡包括經脈和絡脈兩個部分。經脈主要有十二經脈和奇經八脈兩大類。現將經絡的組成用圖 1-1 表示。

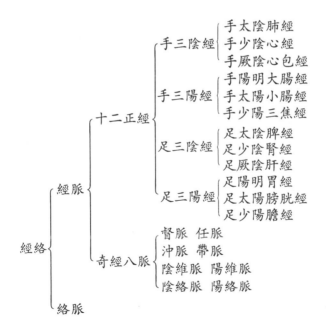

```
                          ┌ 手太陰肺經
                 手三陰經 ─┤ 手少陰心經
                          └ 手厥陰心包經
                          ┌ 手陽明大腸經
                 手三陽經 ─┤ 手太陽小腸經
                          └ 手少陽三焦經
        十二正經 ─┤
                          ┌ 足太陰脾經
                 足三陰經 ─┤ 足少陰腎經
                          └ 足厥陰肝經
                          ┌ 足陽明胃經
                 足三陽經 ─┤ 足太陽膀胱經
                          └ 足少陽膽經
經脈 ─┤
                          督脈　任脈
        奇經八脈 ─┤      沖脈　帶脈
經絡 ─┤                  陰維脈　陽維脈
                          陰絡脈　陽絡脈
      絡脈
```

圖 1-1

（一）十二經脈

　　十二經脈是經絡中的主要部分，又稱十二正經。有手太陰肺經，手少陰心經，手厥陰心包經，手陽明大腸經，手太陽小腸經，手少陽三焦經，足太陰脾經，足少陰腎經，足厥陰肝經，足陽明胃經，足太陽膀胱經，足少陽膽經，這是根據臟屬陰，腑屬陽，內側為陰，外側為陽的原則，把各經按照所屬臟腑結合循行於四肢的部位，訂出各經名稱的。十二經脈在四肢分佈是太陰、陽明在前，厥陰、少陽在中間，少陰、太陽在後。在軀幹部手足三陽經分佈在頭面、軀幹的前、後、側，手足三陰經則分佈在胸腹部。（圖1-2、圖1-3、圖1-4）

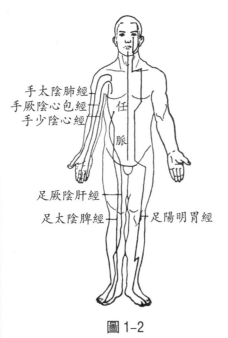

圖1-2

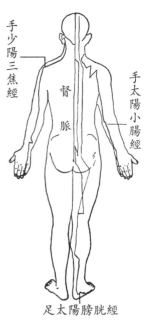

圖1-3

武林點穴搏擊秘技

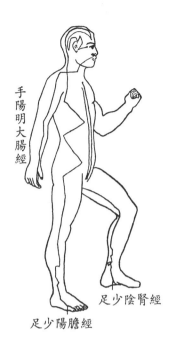

手陽明大腸經

足少陰腎經

足少陽膽經

圖1-4

十二經脈在體內各屬，絡於一定的臟腑，陽經屬腑而絡臟，陰經屬臟而絡腑，組成表（陽）裏（陰）相結合的關係。各經之間又相互銜接，成為全身運行的主要通路。其中布有一定穴位。是氣血輸注於體表的部位。十二經脈對稱地分佈於人體的兩側，沿著一定的方向循行。其總的循行交接規律是：

手三陰，從胸走手，交手三陽。

手三陽，從手到頭，交足三陽。

足三陽，從頭走足，交足三陰。

足三陰，從足走胸，交手三陰。

這樣構成一個「陰陽相貫，如環無端」的循行徑路。

十二經脈是氣血流注的通路。經脈中的氣血運行是照應時辰一經接一經，手足陰陽經互相銜接，循環相貫的。循環開始於手太陰肺經，依次傳至足厥陰肝經，再傳至手太陰肺經，首尾相貫，環流不止。（圖1-5）

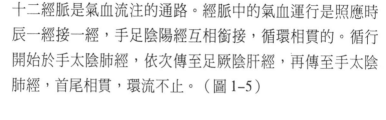

時　辰	時　間	經　絡	臟　腑	氣血傳注
寅	3～5	手太陰經	肺	
卯	5～7	手陽明經	大腸	
辰	7～9	足陽明經	胃	
巳	9～11	足太陰經	脾	
午	11～13	手少陰經	心	
未	13～15	手太陽經	小腸	
申	15～17	足太陽經	膀胱	
酉	17～19	足少陰經	腎	
戌	19～21	手厥陰經	心包	
亥	21～23	手少陽經	三焦	
子	23～1	足少陽經	膽	
丑	1～3	足厥陰經	肝	

圖1-5

（二）奇經八脈

奇經八脈是指督脈、任脈、沖脈、帶脈、陰維脈、陽維脈、陰絡脈、陽絡脈八脈而言，所謂奇經是指不同於十二經脈的意思。因奇經八脈的分佈和作用不像十二經脈與

臟腑直接聯繫，表裏相配，有如環無端的流注規律。分佈著本經專有的穴位，故稱之為奇經八脈。

奇經八脈出於十二經脈之間，密切了十二經脈之間的聯繫，它具有調節十二經脈陰陽氣血的功能。當十二經脈中氣血滿溢時，則流注於奇經八脈蓄以備用。當人體生理功能活動需要時，奇經又能夠灌溉和供應。

二、要害穴位

（一）頭面部要害穴位

1.百會

別名：三陽五會，巔上、天滿、泥丸宮、維會、天山。

經別：屬督脈。是督脈、足太陽經交會穴。

位置：前頂後 1.5 寸，頂中央旋毛中，陷可容指。

取法：後髮際正中直上 7 寸，在頭部中線與兩耳尖連線的交點處。（圖 1-6）

解剖：在帽狀腱膜中，有左右顳淺動、靜脈吻合網及左右枕動、靜脈吻合網，分佈有枕大神經分支及額神經分支。

點法：常用按、頂、點、砸等手法點、拿。

傷感：局部嚴重疼痛、眩暈、耳鳴、嘔吐或死亡。

作用：損傷穴位、大腦及內臟，擾亂內氣，甚至於致命身亡。

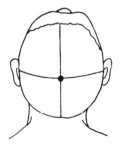

圖 1-6

2. 神庭

別名：髮際。

經別：屬督脈。是督脈、太陽、陽明經交會穴。

位置：髮際直鼻處。

取法：前髮際正中直上 0.5 寸處。（圖 1-7）

圖 1-7

解剖：在左右額肌交界處，有額動、靜脈分支，佈有額神經分支。

點法：常採用點、沖、頂、踢、按、壓、摳等手法點、拿。

傷感：局部疼痛、昏暈、嘔吐或死亡。

作用：損傷穴位及內臟，擾亂內氣，甚至於致命而身亡。

3. 印堂

經別：屬於經外奇穴。

位置：面部，兩眉毛內側端聯線的中間。

取法：兩眉頭連線的中點處。（圖 1-8）

解剖：在掣眉間肌中，兩側有額內動、靜脈分支，分佈有來自三叉神經的滑車上神經。

點法：常採用點、沖、頂、摳、按等手法點、拿。

傷感：局部或頭嚴重疼痛和昏暈。

作用：損傷穴位，擾亂內臟，

圖 1-8

嚴重者能致命身亡。

4. 素髎

別名：鼻準、準頭、面王、面正。

經別：屬於督脈。

位置：鼻柱上端。

取法：鼻尖正中處。（圖1-9）

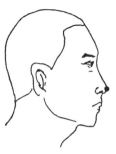

解剖：在鼻尖軟骨中，有面動、靜　　　圖1-9
脈鼻背支，佈有篩前神經鼻外支。

點法：常採用按、扭、沖、撞、壓等手法點、拿。

傷感：鼻部酸疼難忍，兩眼流淚不止，頭昏腦脹。

作用：損傷穴位和鼻部，鼻部出血不止。嚴重者昏迷
不醒。

5. 水溝

別名：人中、鼻人中、鬼市、鬼客廳。

經別：屬於督脈。是督脈、手足陽明經交會穴。

位置：鼻柱下人中。

取法：人中溝上1/3與2/3交點處。（圖1-10）

解剖：在口輪匝肌中，有上唇動、靜脈，分佈有面神
經頰支及眶下神經分支。

點法：常採用按、壓、掐、點、插
等手法點、打。

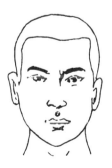

傷感：局部酸疼。

作用：損傷穴位，擾亂內氣。

6. 啞門

別名：舌橫、舌厭、舌根、舌腫、
橫舌、厭舌。

圖1-10

經別：屬於督脈。是督脈、陽維脈交會穴。

位置：後髮際宛中。

取法：後髮際正中直上 0.5 寸凹陷中。（圖 1-11）

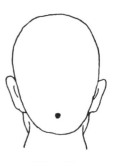

圖 1-11

解剖：在第一二頸椎之間，有枕動，靜脈分支及棘突間靜脈叢，分佈有枕大神經支和第三枕神經。

點法：常採用按、壓、頂等法點、拿。

傷感：舌硬、頭重，局部及頸項嚴重疼痛，不能轉動。

作用：損傷穴位，擾亂內氣，致使頭、頸疼痛，嚴重者甚至死亡。

7.頰車

別名：機關、機門、曲牙、齒牙、牙車、鬼床、鬼林。

經別：屬於足陽明胃經。

位置：耳下曲頰端陷中，開口有孔，上下齒咬緊在咬膠隆起的高點處。

取法：下頜角前上方一橫指凹陷中。（圖 1-12）

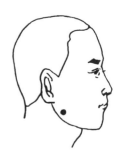

圖 1-12

解剖：在下頜角前方有咬肌，有咬肌動、靜脈，分佈有三叉神經第三支的咬肌神經面神經下頜支、耳大神經。

點法：常用按、掐、捏、沖、頂、踢等手法點、拿。

傷感：口眼歪斜，局部嚴重疼痛，口不能張合，甚至下頜脫臼，脖頸僵硬等。

作用：損傷穴位，使頭頸不能動，難以言語或下頜脫臼。

8. 下關

經別：屬於足陽明胃經。是足陽明、少陽經交會穴。

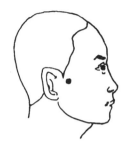

圖 1-13

位置：耳前動脈下空下廉，合口有孔，張口即閉處。

取法：顴弓下緣，下頜髁狀突的前方。顴弓與下頜切跡所形成的凹陷中，合口有孔，開口即閉。（圖 1-13）

解剖：此處為咬肌突起部，皮下有腮腺、面橫動、靜脈，深層有上頜動、靜脈，分佈有面神經顴支和耳顬神經分支，最深層為下頜神經。

點法：常採用按、壓、掐、頂、踢等手法點、拿。

傷感：頭痛、耳鳴、難以言語，甚至下頜脫臼。

作用：損傷穴位，使頭暈、頭痛、頭重，嚴重者造成昏迷不醒。

9. 聽宮

別名：多所聞。

經別：屬於手太陽小腸經。是手、足少陽，手太陽經交會穴。

位置：耳中，大小如小紅豆。

取法：耳屏前，下頜骨髁狀突的後緣，張口呈凹陷處。（圖 1-14）

解剖：在耳屏前緣，下頜小頭後

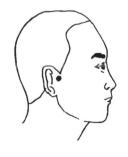

圖 1-14

緣，有顳淺動、靜脈的耳前支，分佈有三叉神經第三支的耳顳神經。

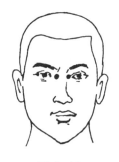

點法：常用掐、按、壓、點、插等手法點、拿。

傷感：頭部疼痛，耳鳴眼花，口不能張合，難於言語。

作用：損傷穴位和內氣，可造成聾啞，嚴重者甚至造成昏迷或死亡。

圖 1-15

10. 睛明

別名：淚孔、淚腔、目內眥。

經別：屬於足太陽膀胱經。是手、足太陽、足陽明、陽蹻、陰蹻五脈交會穴。

位置：目內眥角上方 0.1 寸處。

取法：目內眥角上方 0.1 寸處。（圖 1-15）

解剖：在眼眶內緣瞼內側韌帶中，深部為眼球內直肌，有內眥動、靜脈和眼動、靜脈分支，分佈有滑車上、下神經和眼神經分支。

點法：常用插、點、按、摳等手法點、拿。

傷感：眼睛及頭部嚴重疼痛，眼難睜開。

作用：損傷穴位和眼部，可使眼失明，嚴重者昏迷或死亡。

11. 耳門

別名：小耳、耳前。

經別：屬於手少陽三焦經。

位置：耳前起內當耳缺處。

取法：耳屏上切跡前方，下頜骨髁狀突後緣凹陷中。

（圖 1-16）

解剖：在耳前切跡前方，下頜關節後緣有顳淺動脈耳前支，分佈著三叉神經第三支的耳顳神經和面神經。

點法：常採用插、按、壓等手法點、拿。

傷感：耳部及頭部嚴重疼痛、頭重、眩暈。

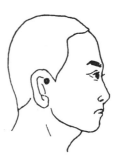

圖 1-16

作用：損傷穴位和耳部。可造成耳聾和死亡。

12. 角孫

經別：屬於手少陽三焦經。是手足少陽、手陽明經交會穴。

位置：耳廓中間，開口有孔。

取法：耳廓向前折曲時，在耳尖正上入髮際處。（圖 1-17）

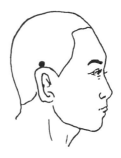

圖 1-17

解剖：在耳廓根上緣，耳上肌中，有顳淺動、靜脈的耳前支，佈有耳顳神經分支。

點法：常用按、壓、點、頂、撞、踢等手法點、拿。

傷感：局部疼痛，頭重耳鳴，頸項僵硬。

作用：損傷穴位及內氣，使耳目失其功能，造成耳聾，頸項轉動不靈，甚至造成昏迷或死亡。

13. 翳風

經別：屬於手少陽三焦經。是手、足少陽經交會穴。

位置：耳垂後方。

取法：耳垂後方，下頜角與顳骨乳突之間凹陷中。

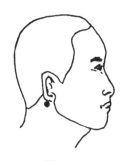

解剖：在耳後動、靜脈，頸外淺靜脈，佈有耳大神經，深層為面神經幹從顳骨莖乳突孔穿出處。

點法：常採用掐、按、壓、點、插、戳等手法點、拿。

傷感：局部疼痛，頭重耳鳴，口眼歪斜。

圖 1-18

作用：損傷穴位及內氣，造成耳聾、下頜脫臼，嚴重者甚至死亡。

14. 聽會

別名：後關、聽呵、聽河。

經別：屬於足少陽膽經。

位置：耳前陷者中，張口得之，動脈應手。

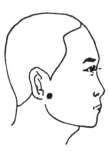

圖 1-19

取法：耳屏間切跡前，下頜骨髁狀突後緣，張口有空。（圖 1-19）

解剖：有顳淺動脈耳前支，深部為頸外動脈及面後靜脈，佈有耳大神經，皮下為面神經。

點法：常用按、壓、插、點、戳等手法點、拿。

傷感：面、頭及局部疼痛，頭重耳鳴，口眼歪斜。

作用：損傷穴位及內氣，造成耳聾、眩暈、昏迷甚至死亡。

15. 風池

別名：熱府。

經別：屬於足少陽膽經。是足少陽經、陽維脈交會

穴。

位置：顳顬後髮際陷中。

取法：項後枕骨下兩側，與風府穴相平處，斜方肌上端與胸鎖乳突肌之間凹陷中。（圖1-20）

圖1-20

解剖：在胸鎖乳突肌和斜方肌之間，深層為頭夾肌，有枕動、靜脈分支和椎動、靜脈，分佈有枕小神經分支。

點法：常採用按、壓、掐、沖、點、頂、撞等手法點、打。

傷感：局部及頭疼痛、嘔吐、耳鳴氣閉、頭暈、頸項僵硬。

作用：損傷穴位及內氣，造成頭頸活動不靈、耳聾，嚴重者甚至死亡。

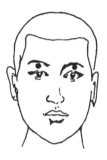

圖1-21

16. 上明

別名：魚下、上承泣。

經別：屬於經外奇穴。

位置：眉中眶下。

取法：眉弓中點，眶上緣下。（圖1-21）

解剖：在眼輪匝肌中，深部為眼肌，淺層為面動、靜脈，佈有面神經額支和眶下神經、結狀神經結和視神經，深層有眼神經。

點法：常採用插、摳、鉤、點等手法點、拿。

傷感：眼、頭、面疼痛難忍。

作用：損傷眼，使其失明，嚴重者甚至造成死亡。

17. 太陽

別名：當陽、前關、當容。

經別：屬於經外奇穴。

位置：眉梢與外眼角之間向後 1 寸凹處。

取法：眉梢與目外眦連線中點外開 1 寸處凹陷中。（圖 1-22）

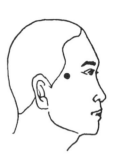

圖 1-22

解剖：在顳筋膜及顳肌中，有顳淺動、靜脈，佈有三叉神經第二三支分支，面神經顳支。

點法：常採用掐、按、壓、摳、頂、沖、砸、撞、踢等手法點、拿。

傷感：局部及頭疼痛，頭暈目眩，耳鳴。

作用：損傷穴位，造成頭痛昏迷，甚至死亡。

（二）脖頸部要害穴位

1. 上廉泉

經別：屬於經外奇穴。

位置：頸上部正中，下頜下緣與舌骨體之間的凹陷中。

取法：頜下正中 1 寸，舌骨與下頜緣之間凹陷處。（圖 1-23）

解剖：在下頜舌骨肌，頜舌骨間舌體，有舌動、靜脈，佈有頸皮神經、面神經頸支、舌下神經分支。

點法：常採用插、鉤、戳、摳等手法點、拿。

傷感：局部疼痛，口酸舌硬，呼

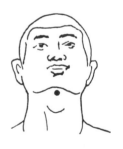

圖 1-23

吸困難。

作用：損傷穴位，喉部疼痛難忍，使之不能言語，甚至窒息而死亡。

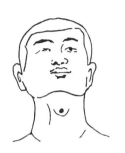

圖 1-24

2.廉泉

別名：舌本、喉中、本池。

經別：屬於任脈。是任脈、陰維脈交會穴。

位置：頷下，結喉上，舌本下。

取法：喉結上方，舌骨體上緣正中凹陷處。（圖 1-24）

解剖：在頷下舌骨肌、頷舌肌到達舌根部舌肌中，有舌動、靜脈，分佈有舌下神經分支和舌神經。

點法：常採用插、頂、戳、按等手法點、拿。

傷感：局部及喉頭嚴重疼痛，氣管酸癢，舌根僵硬，下吞及呼吸困難。

作用：損傷穴位、喉部和內氣，使之不能吞食，甚至於窒息身亡。

3.天突

別名：玉戶、五戶、天瞿。

經別：屬於任脈。是任脈、陰維脈交會穴。

位置：喉結下 2 寸，中央宛中。

取法：胸骨切跡上緣正中凹陷中。（圖 1-25）

解剖：在胸骨切跡中央，左右胸

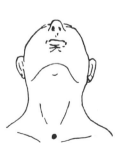

圖 1-25

骨舌骨和胸骨甲狀肌，皮下有頸靜脈弓，甲狀腺下動脈分支，深部為氣管，再向下，胸骨柄後方為無名靜脈及主動脈弓，佈有鎖骨上神經前支。

點法：常採用插、頂、按、摳、點、戳、沖等手法點、拿。

傷感：局部疼痛，喉部麻癢，吞嚥、呼吸困難，面色蒼白。

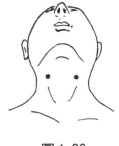

圖1-26

作用：損傷穴位、喉部及內氣，使之無法飲食和呼吸，造成頭部供氧、供血不足，甚至造成窒息和死亡。

4.人迎

別名：天五會、五會、頭五會。

經別：屬於足陽明胃經。是足陽明、少陽經交會穴。

位置：與喉結相平，喉結旁開 1.5 寸，在胸鎖乳突肌前緣。

取法：與喉結相平，喉結旁開 1.5 寸，在胸鎖乳突肌前緣。（圖1-26）

解剖：有頸闊肌，沿胸鎖乳突肌前緣，到達咽縮肌中，有甲狀腺上動脈，頸前淺靜肌，當頸內、外動脈分支處，外為頸內靜脈，佈有頸皮神經、面神經頸支，深層有頸動脈球，最深層有交感神經幹，外側有舌下神經降支及迷走神經。

點法：常採用掐、鎖、摳、插、戳等手法點、打。

傷感：局部及咽喉嚴重疼痛，胸滿，呼吸困難，頭重眼黑，眩暈。

作用：損傷穴位及內氣，使之無法喘氣，頭部缺氧、

缺血，造成窒息，昏迷或死亡。

5. 氣舍

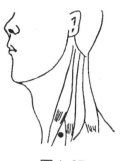

經別：屬於足陽明胃經。

位置：頸部，人迎直下，夾天突陷中。

取法：人迎直下，鎖骨內側端上緣，胸鎖乳突肌的胸骨頭之間的凹陷中。（圖1-27）

圖1-27

解剖：有頸闊肌，在胸鎖乳突肌起始部，胸骨頭與鎖骨頭之間，有頸前淺靜脈，深層為頸總動脈，佈有鎖骨上神經前支，舌下神經分支。

點法：常採用掐、鎖、摳、點、戳、插等手法點、拿。

傷感：局部及咽喉嚴重疼痛，胸悶，呼吸困難，目眩頭暈。

作用：損傷穴位，擾亂內氣，使之無法呼吸，頭部缺氧、缺血，造成窒息、昏迷或死亡。

6. 扶突

別名：水穴。

經別：屬於手陽明大腸經。

位置：人迎後1.5寸處。

取法：喉結外側3寸，胸鎖乳突肌後緣處。（圖1-28）

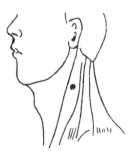

解剖：淺層為頸闊肌，胸鎖乳突肌，深層為肩胛提肌的起點，深層內側有頸升動脈，佈有耳大神經、頸皮

圖1-28

神經、枕小神經及副神經。

點法：常採用掐、摳、鎖、點、戳、插等手法點、拿。

傷感：局部嚴重疼痛，吞嚥、呼吸困難，目眩，頭暈。

作用：損傷穴位，擾亂內氣，使之無法飲食、呼吸，甚至造成頭部缺氧、缺血，或窒息或昏迷或死亡。

7. 天鼎

別名：天頂。

經別：屬於手陽明大腸經。

位置：胸鎖乳突肌後緣，扶突穴下 1 寸處。

取法：頸外側，扶突穴直下 1 寸，胸鎖乳突肌的後緣。（圖1-29）

解剖：在胸鎖乳突肌後緣，橫平甲狀軟骨上切跡的頸闊肌，斜角肌中，有頸升動脈，分佈有頸皮神經。

點法：常採用掐、摳、鎖、點、戳、插等手法點、拿。

傷感：局部嚴重疼痛，吞嚥、呼吸困難，目眩，頭暈。

作用：損傷穴位，擾亂內氣，使之無法飲食、呼吸，造成頭部缺氧、缺血，甚至於窒息或死亡。

8. 缺盆

別名：天蓋、尺蓋。

經別：屬於足陽明胃經。

位置：肩上橫骨陷中。

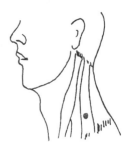

圖1-29

武林點穴搏擊秘技

取法：鎖骨上窩的中點，前正中線旁開4寸處。（圖1-30）

解剖：在鎖骨上窩的中點，有頸闊肌，肩胛舌骨肌的中間腱，下方有頸橫動脈，佈有鎖骨上神經中支，深層為臂叢神經的上部。

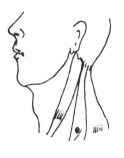

圖1-30

點法：常用掐、鎖、摳、點、戳、插等手法點、拿。

傷感：局部疼痛難忍，呼吸困難，頭昏目眩。

作用：損傷穴位和內氣，使之不能呼吸，造成頭部缺血、缺氧，甚至昏迷或死亡。

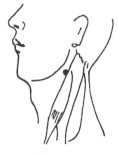

圖1-31

9.天 容

經別：屬於手太陽小腸經。

位置：耳曲頰後。

取法：頜角後方，胸鎖乳突肌前緣凹陷中。（圖1-31）

解剖：在下頜角後方，胸鎖乳突肌停止部前緣，二腹肌後腹的下緣，前方有頸外淺靜脈，頸內動、靜脈，佈有耳大神經的前支、面神經的頸支、副神經，其深層為交感神經幹的頸上神經節。

點法：常用掐、摳、鎖、點、戳、插等手法點、拿。

傷感：局部疼痛，頸項僵硬，耳鳴，頭暈。

作用：損傷穴位，擾亂內氣，使人頭不能轉動，疼痛難忍，頭昏目眩，甚至聾啞、窒息或死亡。

10.天窗

別名：窗聾、窗龍、窗籠、天籠。

經別：屬於手太陽小腸經。

位置：曲頰下，扶突後，動脈應手陷中。

取法：扶突穴後 0.5 寸處。（圖 1-32）

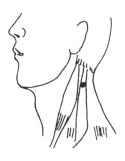

圖 1-32

解剖：在斜方肌前緣，肩胛提肌後緣，深層為頭夾肌，有耳後動、靜脈，枕動、靜脈分支，佈有頸皮神經，位於耳大神經叢的發出部及枕小神經處。

點法：常採用按、掐、點、插、戳等手法拿。

傷感：局部疼痛，頸項僵硬，耳鳴、頭暈、胸悶。

作用：損傷穴位，擾亂內氣，使人頭不能轉動，疼痛難忍，頭昏目眩，甚至聾啞、窒息或死亡。

11.天牖

別名：天聽、大牖。

經別：屬於手少陽三焦經。

位置：頸筋間，缺盆上，天容後，天柱前，完骨後，髮際上。

取法：顳骨乳突後下方，胸鎖乳突肌後緣，約與下頜角平齊處。（圖 1-33）

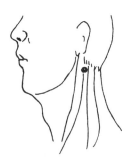

圖 1-33

解剖：在胸鎖乳突肌後緣穿過頭夾肌到達最長肌中，有頸外靜脈屬支和枕動脈分支，分佈有枕小神

經和耳大神經分支。

　　點法：常採用按、摳、掐、點、戳、插等手法點、拿。

　　傷感：局部疼痛，項強耳鳴，頭暈目眩。

　　作用：損傷穴位，擾亂內氣，頭轉動不靈，耳聾、頭昏，或窒息或死亡。

（三）胸腹部要害穴位

1.膻中

　　別名：上氣海、中丹田、元兒、元見、胸膛。

　　經別：屬於任脈。是手厥陰心包經募血、八會穴。

　　位置：兩乳間連線的中點陷斜。

　　取法：胸正中線上，平第四肋間隙，兩乳之間。（圖1-34）

　　解剖：在胸骨體上，有胸廓內動、靜脈的穿支，佈有第四肋間神經前支的內側皮支。

　　點法：常採用頂、插、按、點、頂、踢等法點、拿。

　　傷感：局部疼痛，胸悶，心痛等。

　　作用：損傷穴位及內氣，使心、肺失其功能，甚至造成心臟停止跳動。

2.氣海

　　別名：脖快、下盲、丹田。

　　經別：屬於任脈。是育之原穴。

　　位置：臍下 1.5 寸處。

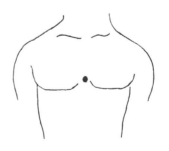

圖1-34

取法：腹正中線上，臍下 1.5 寸處。（圖 1-35）

解剖：在臍下腹白線中，有腹壁淺動、靜脈分支和腹壁下動、靜脈分支，分佈有第十一肋間神經前皮支的內側支。

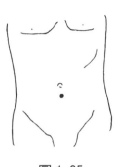

圖 1-35

點法：常採用插、按、頂、撞、踢等法點、拿。

傷感：局部疼痛，氣滯血淤。

作用：損傷穴位，破氣血淤，損傷內臟器官，使其失去正常功能而致死亡。

3. 期門

經別：屬於足厥陰肝經。是足厥陰肝經募穴、足厥陰太陰經、陽維脈交會穴。

位置：兩乳直下，第二肋端，不容旁各 1.5 寸處。

取法：乳頭直下二肋至第二肋間隙中。（圖 1-36）

解剖：在腹內、外斜肌腱膜中，有肋間肌，有第六肋間動、靜脈，佈有第六肋間神經。

點法：常採用按、壓、頂、撞、踢等手法點、拿。

傷感：局部及腰疼痛，胸悶憋氣，腸鳴、嘔吐等。

作用：損傷穴位及內氣，使腰轉動不靈，甚至傷及內臟，造成死亡。

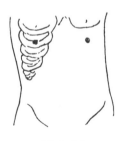

圖 1-36

4. 章門

別名：季肋、肘尖、後章門、脾

募、長平、肋髎。

經別：屬於足厥陰肝經。

位置：第十一浮肋游離端下
際。

取法：屈肘合腋，肘尖處。
（圖1-37）

解剖：有腹內、外斜肌及腹

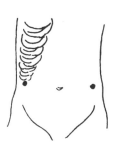

圖1-37

橫肌，有第十肋間動脈末支，佈
有第十一肋間神經，右側在肝臟下緣，左側在脾臟下緣。

點法：常採用插、摳、頂、撞、踢等手法點、拿。

傷感：腰不能轉動，局部疼痛，腹脹腸鳴，四肢無力
等。

作用：損傷穴位，擾亂內氣，損傷內臟，造成呼吸困
難或死亡。

（四）腰背部要害穴位

1. 神堂

別名：上星、明堂、名堂、思堂、鬼堂。

經別：屬於督脈。

位置：顱上正中直上入髮際
1寸中。

取法：前發際正中直上1寸
處。（圖1-38）

解剖：在左右額肌交界處，
有額動、靜脈分支及顳淺動、靜
脈分支，佈有額沖經分支。

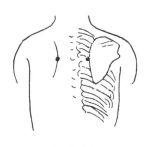

圖1-38

點法：常採用按、頂、壓等手法點、拿。

傷感：局部疼痛，頭暈目眩。

作用：損傷穴位，擾亂內氣，使之神志不清或昏迷，甚至死亡。

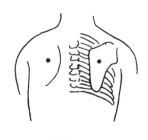

圖 1-39

2.天宗

經別：屬於手太陽小腸經。

位置：秉風後大骨下陷中。

取法：與秉風穴直對，在肩胛骨岡下窩的中央，約在肩胛岡下緣與肩胛下角之間 1/3 折點處取穴。（圖 1-39）

解剖：在岡下窩中央下肌中，有旋肩胛動、靜脈支，佈有肩胛上神經。

點法：常採用插、按、頂、摳、踢等手法點、拿。

傷感：局部疼痛酸麻，肩活動困難，氣憋胸悶等。

作用：損傷穴位，擾亂內氣，使臂無力，酸麻疼難忍。

3.志室

別名：精宮。

經別：屬於足太陽膀胱經。

位置：在第十四椎下兩旁各 3 寸陷中。

取法：第二腰椎棘突下旁開 3 寸處。（圖 1-40）

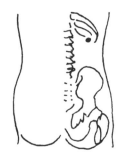

圖 1-40

解剖：有背闊肌，髂肋肌，有第二腰動、靜脈背側支，佈有第十二胸神經後支外側支，第一腰神經後支外側支。

點法：常採用插、頂、按、踢等手法點、拿。

傷感：局部及腰脊疼痛。

作用：損傷穴位，擾亂內氣，使腰背疼痛難忍。

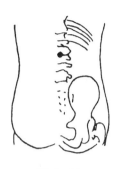

圖 1-41

4. 命門

別名：精宮，屬累，竹杖。

經別：屬於督脈。

位置：第十四椎節下間。

取法：第二腰椎棘突下凹陷中。（圖 1-41）

解剖：有腰背筋膜，皮下為棘突上韌帶，再深層為棘突間韌帶，有腰動脈後支和棘突間皮下靜脈叢，分佈有腰神經後支。

點法：常採用插、按、頂、沖、撞、踢等手法點、拿。

傷感：局部及腰背疼痛，下肢麻木乏力。

作用：損傷穴位，擾亂內氣，使之腹部脹痛，腰脊強痛，傷及腎臟，甚至致人死亡。

5. 腰眼

別名：鬼眼，腰目窌（ㄌ一ㄠˊ）。

經別：屬於經外奇穴。

位置：第四腰椎棘突下旁陷中。

取法：第四腰椎棘突下旁開3～4寸凹陷處。（圖1-42）

解剖：在背闊肌及骶棘肌外緣部，深部為腰方肌外緣，有腰動、靜脈分支，分佈有腰神經叢。

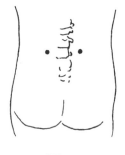

圖1-42

點法：常採用插、頂、壓、按、撞、踢等手法點、打。

傷感：局部嚴重疼痛，腰轉動不靈等。

作用：損傷穴位、腎臟及內氣，使之腰不能動，下肢無力等。

6.痞根

經別：屬於經外奇穴。

位置：第一腰椎棘突下旁開3.5寸處。

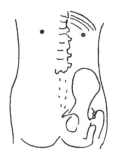

圖1-43

取法：第一腰椎棘突下旁開3.5寸處。（圖1-43）

解剖：在背闊肌、髂腰肌處，有第一腰動、靜脈背側支，佈有第十二胸神經後支外側支，深層為第一腰神經後支。

點法：常採用插、頂、壓、按、點、沖、撞、踢等手法點、拿。

傷感：局部及腰嚴重疼痛。

作用：損傷穴位、肝、脾等內臟，使腰不能活動，下肢無力等。

武林點穴搏擊秘技

（五）上肢部要害穴位

1. 秉風

經別：屬於手太陽小腸經。

位置：外肩上小隅骨後，舉臂有空。

取法：肩胛岡上窩中央的凹陷中，天宗穴直上方。（圖1-44）

圖1-44

解剖：表層為斜方肌，再向下為岡上肌，有肩胛上動、靜脈，佈有鎖骨上神經和副神經，深層為肩胛上神經。

點法：常採用摳、掐、捏、按、砸、頂等法點、拿。

傷感：局部嚴重酸痛，上肢麻木不能上舉。

作用：損傷穴位和內氣，肩部疼痛難忍，上肢麻木不能動彈，甚至造成上肢傷殘。

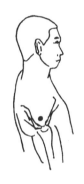

圖1-45

2. 巨骨

經別：屬於手陽明大腸經。是手陽明經與陽蹺脈交會穴。

位置：肩端上行，兩叉骨間陷中。

取法：鎖骨肩峰端與肩胛岡結合部的凹陷中。（圖1-45）

解剖：在斜方肌近止端處，到達岡上肌中，有肩胛上動、靜脈，分佈有鎖骨上神經分支和副神經分支，深層有肩胛上神經。

點法：常採用摳、按、壓、砸、頂等手法點、拿。

傷感：局部疼痛，肩、手臂麻痹等。

作用：損傷穴位，擾亂內氣，致使肩部疼痛難忍，手臂麻木無力，不能動彈，甚至於傷殘。

3.肩井

別名：肩解，膊井。

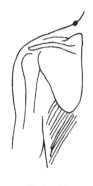

圖1-46

經別：屬於足少陽膽經。是手足少陽經、陽維脈交會穴。

位置：缺盆上，大骨前，肩上凹陷中。

取法：大椎穴與肩峰連線的中點處。（圖1-46）

解剖：有斜方肌，深層為肩胛提肌與岡上肌，有頸橫動、靜脈分支，佈有鎖骨上神經外側支及副神經、肩胛上神經。

點法：常採用摳、插等手法點、打。

傷感：肩部疼痛，臂不能舉動，頸項僵硬。

作用：損傷穴位及內氣，使肩、臂不能活動，脖頸不能轉動等。

4.天髎

經別：屬於手少陽三焦經。

位置：肩缺盆、毖骨之間的凹陷中。

取法：肩井與曲恒穴連線的中點，肩胛骨上角處。（圖1-47）

解剖：在肩胛骨上部岡上窩中，淺層為斜方肌，再下為岡上肌，有頸橫動脈降

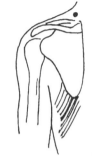

圖1-47

支，深層為肩胛上動脈肌支，布有第一
胸神經後支皮支，副神經，深層為肩胛
上神經肌支。

點法：常採用摳、頂、插、砸等手法
點、打。

傷感：局部嚴重痛酸，胸悶氣憋，頸
項僵硬，臂不能舉動等。

圖 1-48

作用：損傷穴位及內氣，使人呼吸困
難，臂肩傷殘。

5.天井

經別：屬於手少陽三焦經。

位置：肘外尺骨之後 1 寸，兩筋間陷中。

取法：尺骨鷹嘴後上方約 1 寸許凹陷中。（圖 1-48）

解剖：在肱骨下端後面鷹嘴窩中，尺骨鷹嘴突起上
緣，有肱三頭肌腱，有肘關節動、靜脈網，佈有臂背側皮
神經及橈神經肌支。

點法：常採用扣、按、壓、拍、點等手法點、打。

傷感：肘肩嚴重酸，麻，痛。

作用：損傷穴位，擾亂內氣，使臂傷殘等。

6.曲池

別名：陽澤，鬼臣，鬼腿。

經別：屬於手陽明大腸經，是
該經合穴。

位置：屈肘橫紋頭陷中。

取法：以拇指腹置於肱骨外上
髁，指端前是穴。（圖 1-49）

圖 1-49

解剖：在肱橈肌的橈側，橈側腕長伸肌起始部，有橈動脈分支，布有前臂背側皮神經，內側深層為橈神經本幹。

點法：常採用捏、摳、按、點等法點、打。

傷感：肘臂疼痛、麻木，上肢不靈等。

作用：損傷穴位及內氣，傷殘肘臂。

7. 外關

經別：屬於手少陽三焦經。是八脈交會穴之一，通陰維脈。

圖 1-50

位置：腕後 2 寸陷中。

取法：腕背橫紋上 2 寸，橈骨與尺骨之間。（圖 1-50）

解剖：在指總伸肌與拇長伸肌之間，深層有前臂骨間背側動脈和前臂骨間掌側動、靜脈，佈有前臂背側皮神經和骨間背側神經。

點法：常採用扣、捏、點等手法點、打。

傷感：腕臂疼痛、麻木，可引起頭痛、耳鳴等。

作用：損傷穴位及內氣，使手臂麻木、顫抖，動作不靈，無力。

8. 陽池

別名：別陽。

經別：屬於手少陽三焦經。

位置：手腕上陷中。

取法：腕背橫紋上，指總伸肌腱尺側緣凹中。（圖 1-51）

圖 1-51

武林點穴搏擊秘技

解剖：在尺骨與腕骨的關節部，在指總伸肌腱與小指伸肌腱之間，皮下有腕背靜脈網、腕背動脈，佈有尺神經手背支和前臂背側皮神經末支。

點法：常採用捏、摳等手法點、打。

傷感：腕部酸痛、乏力，肘、臂、腕不靈活。

圖 1-52

作用：損傷穴位及內氣，使腕傷殘等。

9.陽谿

別名：中魁。

經別：屬於手陽明大腸經。

位置：腕上側兩旁間陷中。

取法：位於腕背橫紋橈側端，拇短伸肌腱與拇長伸肌腱之間的凹陷中。（圖 1-52）

解剖：在拇短伸肌腱與拇長伸肌腱之間，有頭靜脈、橈動脈本幹及其腕背支，佈有橈神經淺支及其前臂外側和手背側皮神經。

點法：常採用捏、摳、掐、點等手法點、打。

傷感：局部嚴重酸痛，腕部活動不靈等。

作用：損傷穴位和內氣，使腕傷殘等。

10.合谷

別名：虎口、含口、合骨。

經別：屬於手陽明大腸經。

位置：手拇指、食指間。

取法：位於手背第一、二掌骨之間，約平第二掌骨橈側的中點。（圖1-53）

解剖：在第一、二掌骨間，第一骨間背側肌中，深層內收拇肌橫頭，有手背靜脈網，分佈有橈神經淺支分支，深層有正中神經的指掌側固有神經。

點法：常採用掐、捏、按、點等手法點、打。

圖1-53

傷感：局部疼痛，頭暈目眩等。

作用：損傷穴位及內氣，手臂麻木不能動彈，頭昏眼花，甚至於致殘。

11. 外勞宮

別名：落枕、項強。

經別：屬於經外奇穴。

位置：手背二、三掌骨間陷中。

取法：手背第二、三掌骨間，指掌關節後約0.5寸凹陷中。（圖1-54）

解剖：有骨間背側肌，有掌背動脈、手背靜脈網，佈有橈神經分支。

點法：常採用捏、掐、按、點等手法點、打。

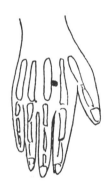

傷感：局部嚴重疼痛，手指麻木，伸屈不靈。

作用：損傷穴位，使掌致殘等。

12. 少海

別名：曲節。

圖1-54

經別：屬於手少陰心經。是該經合穴。

位置：肘內廉節後陷中。

取法：肘橫紋內端與肱骨內上髁連線的扣點處。（圖1-55）

解剖：有旋前圓肌，肱肌，尺側上下副動脈，尺返動脈，佈有前臂內側皮神經，前掌側有正中神經肌。

圖1-55

點法：常採用掐、捏、點、戳等手法點、打。

傷感：局部嚴重酸痛，臂部麻木。

作用：損傷穴位及內氣，手臂致殘等。

13. 內關

經別：屬於手厥陰心包經。

位置：掌腕正中直上2寸處。

取法：曲澤穴與大陵穴的連線上，腕橫紋上2寸處。（圖1-56）

解剖：在橈側屈腕肌與掌長肌腱之間，有屈指淺肌，深部為屈指深肌，有前臂正中動、靜脈，深層有前臂掌側骨間動、靜脈，分佈有前臂內側皮神經和前臂外側皮神經等。

點法：常採用摳、掐、按、壓等手法點、打。

傷感：局部疼痛，手臂麻木，胸悶頭暈。

圖1-56

作用：損傷穴位及內氣，可致手臂傷殘。

14. 列缺

別名：腕勞、童玄。

經別：屬於手太陰肺經。八脈交合穴之一，通於任脈。

位置：腕上橈側 1.5 寸處。

取法：橈骨莖突上方，腕橫紋1.5 寸處。（圖 1-57）

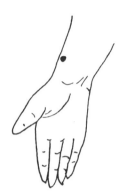

圖 1-57

解剖：在肱橈肌腱與拇長展肌腱之間，橈側伸腕長肌腱的內側，有頭靜脈，橈動、靜脈分支，佈有前臂外側皮神經和神經橈淺支的混合支。

點法：常採用摳、掐、按、切等手法點、打。

傷感：局部嚴重疼痛，手臂無力。

作用：損傷穴位及內氣，可致手臂傷殘。

15. 太淵

別名：太泉、大泉、鬼心。

經別：屬於手太陰肺經，是八會穴之一。

位置：掌橫紋橈側陷中。

取穴：掌後腕橫紋橈側端，橈動脈橈側凹陷中。（圖 1-58）

解剖：內側有橈側腕屈肌腱，外側有拇長展肌腱，有橈動、靜脈，佈有前臂外側皮神經和橈神經淺支的混合支。

點法：常採用摳、掐、按、切、壓等手法點、打。

圖 1-58

武林點穴搏擊秘技

傷感：局部疼痛，胸悶煩躁，手臂
乏力。

作用：損傷穴位及內氣，可致手臂
傷殘。

16.神門

別名：兌門、兌骨、中都、銳中。

經別：屬於手少陰心經。

位置：掌後兌骨之端陷中。

圖 1-59

取法：腕掌橫紋尺側端，在尺側腕
屈肌腱的橈側緣凹陷中。（圖 1-59）

解剖：在尺側腕屈肌與指淺屈肌之間，深層為指深屈
肌，有尺動脈，佈有前臂內側皮神經，尺側為尺神經。

點法：常採用摳、掐、捏、按、壓、切等手法點、打。

傷感：局部疼痛，心煩恍惚等。

作用：損傷穴位及內氣，可致手臂損傷。

（六）下肢部要害穴位

1.曲泉

經別：屬於足厥陰肝經。

位置：膝內輔骨下，大筋上、小
筋下陷中。

取法：膝關節側橫紋頭上方凹陷
中。（圖 1-60）

解剖：在股骨內髁後緣，半膜
肌、半腱肌止點前上方，縫匠肌後
緣，有大隱靜脈，膝上動肌，深層

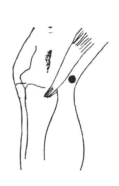

圖 1-60

有動、靜脈，佈有隱神經、閉孔神經，深向膕窩可及脛神經。

點法：常採用摳、按、頂、踢等手法點、打。

傷感：局部疼痛，下肢麻木、乏力。

圖 1-61

作用：損傷穴位及內氣，致使下肢傷殘。

2. 三陰交

別名：下三果、承命、太陰。

經別：屬於足太陰脾經。是足太陰、厥陰、少陰經交會穴。

位置：內踝直上 3 寸處。

取法：脛骨內側面後緣，內踝高點上 3 寸處。（圖 1-61）

解剖：在脛骨後緣與比目魚肌、趾長屈肌之間，有脛後動、靜脈和大隱靜脈，分佈有小腿內側皮神經，深層後方為脛神經。

點法：常採用掐、按、踢等手法點、打。

傷感：局部嚴重疼痛，下肢麻木、乏力。

作用：損傷穴位及內氣，致使下肢傷殘。

3. 解 谿

別名：草鞋帶。

經別：屬足陽明胃經。

位置：衝陽後 1.5 寸處。

取法：足背踝關節前橫紋的中央，與踝尖平齊，在趾

長伸肌腱與拇長伸肌腱之間的凹陷中。
（圖 1-62）

解剖：在趾長伸肌腱與拇長伸肌腱之間，有脛前動、靜脈，淺部布有腓淺神經，深部為腓深神經。

點法：常採用捏、按、踢、踩等手法點、打。

傷感：腳腕嚴重疼痛，下肢麻痺，頭昏目眩。

圖 1-62

作用：損傷穴位及內氣，致使下肢傷殘。

4. 商丘

經別：屬於足太陰脾經。

位置：足內踝微前陷中。

取法：內踝前下方凹陷中，舟骨結節與內踝高點連線的中點處。（圖 1-63）

解剖：在跗內側有動脈、大隱靜脈，佈有隱神經、腓淺神經分支。

拿法：常採用捏、掐、踢等手法點、打。

傷感：足踝嚴重疼痛，下掐麻木、乏力。

作用：損傷穴位及內氣，可使下肢傷殘，甚至癱瘓。

5. 委中

別名：血郄、郄中、中郄。

經別：屬於足太陽膀胱經。

位置：膕窩橫紋中央。

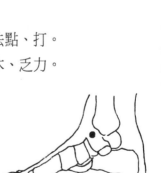

圖 1-63

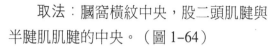

取法：膕窩橫紋中央，股二頭肌腱與半腱肌肌腱的中央。（圖1-64）

解剖：在膝關節後面，股二頭肌、半膜肌、腓腸肌內側頭所圍成的膕窩中，有膕筋膜，皮下有膕靜脈，深層有膕動脈，分佈有股後皮神經和脛神經。

點法：常採用插、按、踢、頂等手法點、打。

傷感：局部疼痛，下肢麻木、乏力。

作用：損傷穴位及內氣，可致癱瘓或傷殘。

圖 1-64

6. 太谿

別名：呂細。

經別：屬於足少陰腎經。

位置：足跟後踵中，大骨上兩筋間。

取法：在足內踝高點與跟腱之間的凹陷中。（圖1-65）

解剖：前方有脛後動、靜脈佈有小腿內側皮神經，在脛神經經過處。

點法：常用掐、按、踢等手法點、打。

傷感：局部酸痛，下肢麻木、乏力。

作用：損傷穴位及內氣，可使下肢癱瘓或傷殘。

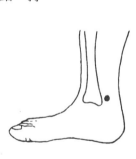

圖 1-65

武林點穴搏擊秘技

第二章 點穴搏擊功法

運用點穴搏擊，需要練習必要的專門功夫，以提高點穴搏擊之效果。無論是拿穴搏擊、打穴搏擊還是點穴搏擊，均需對施術者的施術部位進行專門的訓練，以便在實踐中得心應手。現就點穴搏擊的內、硬功夫的練法分別加以介紹。

第一節　點穴搏擊內功練法

一、內功呼吸法

(一) 吸　氣

1.鼻吸

嘴輕閉合，舌抵上腭，用鼻細勻吸氣。要求思想安靜，全身放鬆。（圖2-1）

2.嘴吸

嘴稍張開一點兒小縫，上下牙齒微微相合，舌抵住下牙床深深吸

圖 2-1

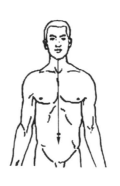
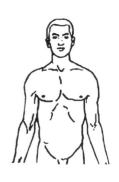

圖 2-2　　　　　圖 2-3　　　　　圖 2-4

氣。要求全身收緊，收腹展胸，提肛和睪丸。（圖 2-2）

（二）吞　氣

嘴微合閉，舌抵上腭，喉頭用力，將氣吞嚥入腹部丹田。要求全身放鬆，胸膈下降，腹部隆起。（圖 2-3）

（三）閉　氣

嘴合閉，舌抵上腭，不做呼吸，即停息。要求全身鬆靜，閉 2～14 秒鐘左右。（圖 2-4）

（四）呼　氣

1.鼻呼

嘴輕合閉，舌抵上腭，用鼻細勻地將氣呼出。要求全身鬆靜。（圖 2-5）

2.嘴呼

嘴稍張開一點兒，上下牙齒微微相合，舌尖抵住下牙床，將氣細勻地從口中吹出。要求全身稍收緊，胸膈下

圖 2-5

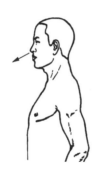

圖 2-6

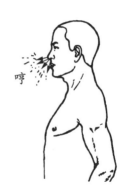

圖 2-7

降，腹部隆起。（圖 2-6）

（五）噴　氣

嘴合閉，舌抵上腭，將氣儘量從鼻中短促有力地排出，並發出「哼」的氣聲。要求全身收緊，收腹展胸。（圖 2-7）

（六）崩　氣

嘴張開，舌抵下牙床，喉部在短時間裏打開，在喉部打開的同時，將氣短促地噴出，發出「哈」音。要求全身緊收，收提肛門和睾丸。（圖 2-8）

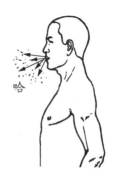

圖 2-8

二、三圓樁功

三圓樁功是內功的基礎，也稱為築基功，是功家秘傳真功。此功注重內修，具有舒筋、運行內氣、

吐故納新、平衡陰陽、促進新陳代謝、使精神旺盛、體力倍增、功力大長、健身祛病、延年益壽之效。

圖 2-9

（一）姿　勢

兩腳左右分開，略比肩寬，雙膝微屈，兩腳平直，五趾抓地，上體正直，兩臂成半圓形，兩手似抱球狀，手心相對，拇指均向上，置於胸前，眼視兩掌心連線之中點。（圖 2-9）

（二）要　求

頭頸正直，下腭內收，兩掌中間距離約為 10 公分，鬆肩垂肘，鬆腕，掌指自然分開，含胸正脊，鬆腰斂臀。

（三）呼　吸

採用順式呼吸（吸氣時腹部隆起，呼氣時腹部收縮），以鼻吸鼻呼。呼吸柔和自然細勻。吸氣時放鬆睪丸和肛門，呼氣時收提肛門和睪丸。

（四）意　念

吸氣時，意想天地精華之氣從外勞宮穴沿臂外側（手三陽經）上行經百會穴向前下過膻中穴下沉入丹田，呼氣時，意想丹田之氣沿任脈上行至膻中穴，再吸氣時，意想

內氣由膻中穴向下經丹田過會陰向後沿督脈上行至百會穴，再呼氣時，意想內氣由百會穴向前下經膻中穴分兩股過兩腋下沿兩臂內側（手三陰經）注入兩手心內勞宮穴。

（五）說　明

照上所述，吸——呼——再吸——再呼反覆進行靜站，每次站 30 分鐘左右。

三、內力金剛手功

內力金剛手功共分四組。練習時每組做 16 遍，每次要將四組從頭至尾做完，每日早晚各練 1 次。

第一組

鼻吸氣，兩腳平直開立，稍寬於肩，屈膝下蹲成為馬步，兩腳尖稍內扣，膝不衝出腳尖，足趾抓地，上體正直，目視前方，舌抵上腭，雙手成拳抱於兩腰側，拳心均向上，意念天地精華之氣由百會穴向前下經膻中穴沿任脈沉聚於丹田。（圖 2-10）

接上動作，鼻呼氣，兩拳成掌用力慢慢向前下插於襠前，兩掌交叉，右掌在前，左掌在後，掌指斜向下，掌心均向後，目視前下方，意念丹田內氣沿任脈上行經膻中穴分兩股過兩腋下沿兩臂內側（手三陰經）注入兩手十指尖。（圖

圖 2-10

圖 2-11

圖 2-12

圖 2-13

2-11）

　　接上動作，鼻再吸氣，兩臂交叉由胸前向上舉於頭上方，兩掌仍交叉，掌指斜向上，掌心均向前，目視兩掌，意念內氣沿兩臂外側（手三陽經）下行經百會穴向前下沿任脈沉聚入丹田。（圖 2-12）

　　接上動作，噴氣，兩掌直臂向外、向下快速劈分於肩平，兩掌掌指向外，掌心均向前，目視前方，意念丹田內氣沿任脈上行經膻中穴分兩股過兩腋下沿兩臂內側（手三陰經）注入兩手勞宮穴。（圖 2-13）

　　接上動作，鼻吸氣，兩掌外旋翻掌成掌心向上，兩掌同時向前平舉，成掌指向前，掌心向上，目視兩掌，意念內氣沿兩臂外側（手三陽經）上行經百會穴向前下沉任脈

圖 2-14

圖 2-15

沉聚於丹田。（圖 2-14）

　　接上動作，噴氣，同時兩掌屈指捲握成拳，屈肘猛收，兩肘碰擊兩肋，成馬步雙抱拳，目視前方，意念丹田內氣沿任脈上行經膻中穴分兩股過兩腋下沿兩臂內側（手三陰經）注入兩手十指。（圖 2-15）

第二組

　　由上組成馬步雙抱拳（圖 2-16）開始。嘴吸氣，兩拳成掌外翻成掌心向下，再同時向後、向外、向前做環抱狀，掌指相對，掌心向前，目視前方，意念天地精華之氣出外勞宮穴進入體內沿兩臂外側（手三陽經）上行經

圖 2-16

圖2-17

圖2-18

百會穴向前下至膻中穴。（圖2-17）

　　動作不變，吞氣，意念內氣由膻中穴沿任脈下行至丹田。接上動作，閉氣，兩掌向外、向下屈肘抱於兩腰側，掌心向上，十指屈扣成爪狀，目視前方，意念丹田內氣下行過會陰向後上沿督脈上行經百會穴向前下行至膻中穴。（圖2-18）

圖2-19

　　接上動作，嘴呼氣，兩爪直臂用力前推，掌指、掌心向前，目視前方，意念內氣由膻中穴分兩股過兩腋下沿兩臂內側（手三陰經）注入兩掌勞宮穴。（圖2-19）

　　接上動作，鼻吸氣，兩掌向外翻掌成掌指向前，掌心均向上，目視前方，意念內氣由外勞宮沿兩臂外側（手三陽經）上行經百會穴向前下沿任脈返回丹田。（圖2-20）

　　接上動作，噴氣，兩掌十指屈指捲握成拳屈肘猛收，兩肘撞擊兩肋成馬步雙抱拳，目視前方，意念丹田內氣沿

武林點穴搏擊秘技

圖 2-20

圖 2-21

任脈上行經膻中穴分兩股過兩腋下沿兩臂內側（手三陰
經）注入兩手。（圖 2-21）

第三組

由上組成馬步雙抱拳（圖 2-22）開始。嘴吸氣，左拳
成爪向左側用力直臂抓擊，掌指、掌心向左，目視前方，
意念天地精華之氣由外勞宮穴進入體內沿左臂外側（手三
陽經）上行至百會穴，再由百會向前下行至膻中穴。（圖
2-23）

圖 2-22

圖 2-23

圖 2-24

圖 2-25

　　動作不變，吞氣，意念內氣由膻中穴沿任脈下行至丹田。

　　接上動作，閉氣，上體右轉，同時左手捲指屈握成拳向下、向右前伸，拳心向上，拳用力越握越緊，目視左拳，意念丹田內氣下行，經會陰分兩股沿兩腿內前側（足三陽經）向下過湧泉穴向後、向上沿兩腿後側（足三陰經）上行，經會陰兩股合一向上沿督脈過百會向前下經膻中穴，然後過左腋下再沿左臂內側（手三陰經）注入左手。（圖 2-24）

　　接上動作，鼻呼氣，左拳屈肘收於腰側，身體左轉成馬步雙抱拳。然後，嘴吸氣，右拳成爪向右側用力直臂抓擊，爪指、掌心向右，目視前方，意念天地精華之氣由外勞宮穴進入體內，沿右臂外側（手三陽經）上行至百會穴，再由百會向前下行至膻中穴。（圖 2-25）

　　動作不變，吞氣，意念內氣由膻中穴沿任脈下行至丹田。

　　接上動作，閉氣，上體左轉，同時右手捲指屈握成拳

圖 2-26

圖 2-27

向下、向左前伸，拳心向上，拳用力越握越緊，目視右拳，意念丹田內氣下行，經會陰分兩股沿兩腿內前側（足三陽經）向下過湧泉穴向後、向上沿兩腿後側（足三陰經）上行，經會陰兩股合一向上沿督脈過百會向前下經膻中穴，然後過右腋下再沿右臂內側（手三陰經）注入右手。（圖 2-26）

接上動作，鼻呼氣，右拳屈肘收於腰側，身體右轉成馬步雙抱拳。（圖 2-27）

第四組

由上組後動馬步雙抱拳（圖 2-28）開始。鼻吸氣，兩拳屈肘向前、向上屈於胸前，前臂垂直，拳面向上，拳心均向後，目視前方，意念天地精華之氣由外勞宮穴進入體內沿臂外側（手三陽經），上

圖 2-28

圖 2-29

圖 2-30

行經百會向前、向下沿任脈沉聚於丹田。（圖 2-29）

　　接上動作，噴氣，同時兩拳均成劍指向外直臂平肩插出，拳心向下，食、中兩指尖均向外，目視前方，意念丹田內氣沿任脈上行經膻中穴分兩股過兩腋下沿兩臂內側（手三陰經）注入兩手食、中兩指頂端。（圖 2-30）

　　接上動作，嘴吸氣，同時兩劍指成虎爪向後、向下、向前於兩腰側，掌心均向上，目視前方，意念內氣沿兩臂外側（手三陽經）向上經百會向前下沿任脈返回丹田。（圖 2-31）

　　接上動作，嘴呼氣，同時兩爪成掌向前直臂推出，掌指向上，掌心均向前，目視前方，意念丹田內氣上行經膻中穴分兩股過兩腋下沿兩臂內側（手三陰經）注入兩掌勞宮穴。（圖 2-32）

　　接上動作，鼻吸氣，兩掌抓握成拳屈肘收抱於兩腰側，拳心均向

圖 2-31

圖 2-32

圖 2-33

上，目視正前方，意念內氣由外勞宮穴沿兩臂外側上行至百會再向前下沿任脈返回丹田。（圖 2-33）

四、太古意手功

太古意手功是武術氣功之精華功法，此功法在強健筋骨、增長手勁、調節中樞神經平衡等方面，有獨到之處。特別是經由練功，可使人「力大千斤」，在點穴搏擊中，產生意想不到的效益。

（一）涵養本源

在平地或床上坐下，兩腿交叉盤坐，右腿在外，左腿在裏，兩足心均向後，足尖向側前，上身正直，兩掌相疊，左掌在外，右掌在內，兩掌勞宮穴相對輕按於丹田上，兩眼微閉，目視鼻尖，舌抵上腭，口自然合閉，鼻吸，鼻呼，呼吸自然，意守丹田（圖 2-34）。待丹田有熱脹感時

圖 2-34

圖 2-35

圖 2-36

接做下勢。

(二)龍行虎奔

兩腿仍交叉盤坐，兩掌握拳，自然置放於兩膝之上，拳心向上，拳眼向外，兩眼微閉，目視鼻尖，舌抵上腭，口自然合閉，鼻吸氣，兩手用力握拳，鼻呼氣，兩拳鬆握，照上法握拳 49 次，每握一次緊一次，意守兩拳（圖 2-35）。然後兩手自然放鬆半分鐘（放鬆時也可輕柔地彈抖），再接做下勢。

(三)天罡降龍

兩腿仍交叉盤坐，兩手握拳屈臂自然側平舉，高與肚臍平，拳心均向上，拳眼向後，兩眼微閉，目視鼻尖，舌抵上腭，口自然合閉，鼻吸氣，兩手用力握拳，鼻呼氣，兩拳鬆握，照上法握拳 49 次，每握一次緊一次，意守兩拳（圖 2-36）。然後兩手自然放鬆半分鐘，再接做下勢。

圖 2-37

圖 2-38

（四）猿猴吊臂

兩腿仍交叉盤坐，兩手握拳屈臂自然側上舉，高與耳平，拳眼向後，拳心均向裏，兩眼微閉，目視鼻尖，舌抵上腭，口自然合閉，鼻吸氣，兩手用力握拳，鼻呼氣，兩拳鬆握，照上法握拳 49 次，每握一次緊一次，意守兩拳（圖 2-37）。然後兩手自然放鬆半分鐘，再接做下勢。

（五）雙杆釣魚

兩腿仍交叉盤坐，兩手握拳直臂前平舉，拳眼均向上，拳心相對，兩眼微閉，目視鼻尖，舌抵上腭，口自然合閉，鼻吸氣，兩手用力握拳，鼻呼氣，兩拳鬆握，照上法握拳 49 次，每握一次緊一次，意守兩拳（圖 2-38）。然後兩手自然放鬆半分鐘，再接做下勢。

（六）背荆請罪

　　兩腿仍交叉盤坐，兩手握拳背於背後命門穴兩旁，拳眼均向上，拳心均向後，兩眼微閉，目視鼻尖，舌抵上腭，口自然合閉，鼻吸氣，兩手用力握拳，鼻呼氣，兩拳鬆握，照上法握拳49次，每握一次緊一次，意守兩拳（圖2-

圖2-39

39）。然後兩手自然放鬆半分鐘，再接做下勢。

（七）蜻蜓玉立

　　兩腿仍交叉盤坐，兩手握拳以拳面撐於地面上，拳眼均向前，拳心均向裏，兩眼微閉，目視鼻尖，舌抵上腭，口自然合閉，鼻呼氣，兩臂用力支撐，身體懸空，鼻吸氣，身體下落，坐於地面上，照上法做升降49次，意守兩拳（圖2-40）。然後兩手自然放鬆半分鐘，再做下勢。

（八）童子拜佛

　　兩腿仍交叉盤坐，兩手成掌，五指自然分開，兩手五指指尖肚相對成為合掌於胸前，指尖向上，拇指側向後，兩眼微閉，目視鼻尖，舌抵上腭，口自然合閉，鼻吸氣，兩掌掌根向外分開，掌指尖肚仍相對，鼻呼氣，兩掌向裏相合，照上

圖2-40

武林點穴搏擊秘技

法開合掌 49 次，意守兩手勞宮穴
（圖 2-41）。然後合掌意守丹田
半分鐘，方可收功。

五、洗髓易筋經功

「洗髓易筋經」也稱為「達摩
易筋經」，它是我國古老的少林氣
功功法之一。此功使神、體、氣三
者有效地結合起來，經過循序漸

圖 2-41

進、持之以恆地認真鍛鍊，從而使五臟六腑、經絡得到調
理，進而能健身益壽，也能增強功力，有助於點穴搏擊。

（一）韋陀獻杵第一勢

1. 兩腿開立，身體正直，兩臂自然下垂，舌舐上腭，
目視前方。勢定後，以鼻自然呼氣，意守丹田。

2. 當意守丹田氣不散，有微熱感時，兩掌掌心相對合
併為十，屈肘置於胸前，掌指向
上，拇指側向裏，目視前方。勢定
後，以鼻呼吸。吸氣時，意想丹田
氣沿任脈上行至膻中穴，呼氣時，
意想氣由膻中穴沿任脈下沉入丹田
（圖 2-42）。

照上所述，一呼一吸為一次，
共做 30 次。

圖 2-42

(二)韋陀獻杵第二勢

接上勢。兩腿仍開立，身
體正直，兩掌從胸前向體側分
掌平舉，掌心向上，高與肩
平，目視前方。勢定後以鼻呼
吸，吸氣時，意想氣由兩臂外
側（手三陽經）上行經百會穴
向前下過膻中沿任脈下沉入丹
田，呼氣時，意想丹田內氣沿

圖 2-43

任脈上行經膻中分兩股過兩腋下沿兩臂內側（手三陰經）
注入兩掌（圖 2-43）。

照上所述，一呼一吸為一次，共做 30 次。

(三)韋陀獻杵第三勢

接上勢。兩腿仍開立，身體正直，兩掌向上舉至頭上
方，掌指相對，掌心均向上，目視前方。勢定後，以鼻呼
吸。吸氣時，意想氣由兩臂外側（手三陽經）下行經百會
穴向前下過膻中沿任脈下沉入丹田，呼氣時，意想丹田氣
沿任脈上行至膻中，再吸氣時，意想內氣由膻中穴向下經
丹田過會陰穴沿督脈上行至百會穴，由百會穴再向前下至
膻中穴，再呼氣時，意想內氣由膻中分兩股過兩腋下沿臂
內側（手三陰經）注入兩掌。（圖 2-44）

照上所述，吸——呼——再吸——再呼為一次，共做
30 次。

圖 2-44

圖 2-45

（四）摘星換斗勢

1.右勢

接上勢。兩腿仍開立，身體正直，左掌向前、向下、向後倒背於背後，掌心向後，拇指側向上，右掌仍不變，目視左前方。勢定後，以鼻呼吸。吸氣時，意想氣由右臂外側（手三陽經）下行經百會穴向前下過膻中沿任脈至丹田，呼氣時，意想丹田內氣上行至膻中穴，再吸氣時，意想氣由膻中向下過丹田經會陰向後上沿督脈上行至百會，再由百會穴向前下至膻中，再呼氣時，意想氣由膻中穴過右腋下沿臂內側（手三陰經）注入右掌。（圖 2-45）

照上所述，吸——呼——再吸——再呼為一次，共做30次。

2.左勢

左右手勢互換，右掌倒背於背後，掌心向後，拇指側

向上，左掌直臂舉於頭上方，掌心向上，
拇指側向前，目視右前方。勢定後，以鼻
呼吸。吸氣時，意想內氣由左臂外側（手
三陽經）下行經百會穴向前下過膻中至丹
田，呼氣時，意想丹田內氣上行至膻中，
再吸氣時，氣由膻中穴向下經丹田，再向
下過會陰向後沿督脈上行至百會，再由百
會向前下至膻中，再呼氣時，意想氣由膻
中過左腋下沿臂內側（手三陰經）注入左
掌。（圖 2-46）

照上所述，吸──呼──再吸──再
呼為一次，共做 30 次。

圖 2-46

（五）倒拽九牛尾勢

1. 右勢

接上勢。右腳右跨一步，成右弓步，同時右掌從體後
向體前變握拳，翻腕上抬，拳心朝上停於面前，左掌順勢
變拳，拳心朝上停於體後，兩肘皆微屈，目視右拳。勢定
後，以鼻呼吸，吸氣時，意想氣由臂外側（手三陽經）上
至百會穴，由百會穴再向前下過膻中下至丹田，呼氣時，
意想丹田內氣上行至膻中穴，再吸氣時，意想內氣由膻中
穴下行丹田過會陰向後、向上沿督脈至百會穴，再由百會
穴向前下至膻中，再呼氣時，意想內氣由膻中穴分兩股過
兩腋下沿兩臂內側（手三陰經）注入兩拳。（圖 2-47）

照上所述，吸──呼──再吸──再呼為一次，共做
30 次。

武林點穴搏擊秘技

圖 2-47

圖 2-48

2.左勢

右左手、腿勢互換，左腿蹬力，身體隨之前移，重心落於右腿，繼而左腳提起前跨一步，成左弓步，同時左拳從體後向體前翻抬，右拳從面前向體後翻落，成左勢。

勢定後，以鼻呼吸。吸氣時，意想氣由臂外側（手三陽經）上行至百會穴，由百會穴再向前下過膻中下至丹田，呼氣時，意想丹田內氣上行至膻中穴，再吸氣時，意想內氣由膻中穴下行丹田過會陰向後、向上沿督脈至百會穴，再由百會穴向前下至膻中，再呼氣時，意想內氣由膻中穴分兩股過兩腋下沿兩臂內側（手三陰經）注入兩拳。（圖 2-48）

照上所述，吸——呼——再吸——再呼為一次，共做30次。

（六）出爪亮翅勢

接上勢。以鼻呼吸，吸氣，左腿蹬力，提左腳落於右

腳內側成併步直立，同時兩拳回收於腰際，拳心向上，意念氣由臂外側（手三陽經）上行至百會穴，再由百會穴向前下過膻中下至丹田。呼氣，兩拳成掌直臂平肩同時向前插出，掌心相對，掌指向前，目視前方，意念丹田內氣下行過會陰沿兩腿內前側（足三陽經）下至湧泉穴（圖2-49）。再吸氣，兩掌外翻抓握成拳，屈肘收於腰側，意念內氣由湧泉穴向後上沿兩腿後側（足三陰經）上行過

圖 2-49

會陰穴向後上沿督脈至百會穴。再呼氣，兩拳成掌直臂平肩同時向前插出，掌心相對，掌指向前，目視前方，意念內氣由百會穴向前下經膻中穴分兩股過兩腋下沿兩臂內側（手三陰經）注入兩掌十指。

照上所述，吸——呼——再吸——再呼為一次，共做30次。

（七）九鬼拔馬刀勢

1. 右勢

接上勢。左掌向下、向後背於背後，掌心向後，拇指側向上，右掌向上、向後屈肘於腦後，右掌貼於左腮旁，掌心向前，拇指側向下，目視左前方。勢定後，以鼻呼吸。吸氣時，意想氣由左臂外側（手三陽經）行至膻中，呼氣時，意想內氣由膻中過右腋下沿臂內側（手三陰經）注入右掌。（圖2-50）

圖 2-50

圖 2-51

照上所述，一吸一呼為一次，共做 30 次。

2.左勢

接上勢。左右手勢互換，右掌屈肘背於背後，掌心向後，拇指側向上，左掌向上、向後屈肘於腦後，左掌則於右腮旁，掌心向前，拇指側向下，目視右前方。勢定後，以鼻呼吸，吸氣時，意想氣由右掌沿臂外側（手三陽經）至膻中，呼氣時，意想內氣由膻中過左腋下沿臂內側（手三陰經）注入左掌。（圖 2-51）

照上所述，一吸一呼為一次，共做 30 次。

（八）三盤落地勢

接上勢。左腳外開一步，兩腿屈膝半蹲成馬步，同時左掌下洛，右掌從體後往前上抬，兩掌掌心向上於胸前相遇時，再向外分按於兩膝側，掌心向下，虎口向前，目視前方。勢定後，以鼻呼吸。吸氣時，意想氣由兩掌沿臂外

側（手三陽經）上行過百會穴向前下沿任脈至丹田。呼氣時，氣由丹田向上行至膻中，再吸氣，意想內氣由膻中穴向下經丹田過會陰穴分兩股沿兩腿內前側（足三陽經）下行至湧泉穴，再由湧泉穴繼續向後上沿兩腿後側（足三陰經）上行經會陰向後上沿督脈上行至百會穴，再呼氣，內氣由百會穴向前下經膻中穴分兩股過兩腋下沿兩臂內側（手三陰經）注入兩掌。（圖2-52）

圖2-52

照上所述，吸——呼——再吸——再呼為一次，共做30次。

（九）青龍探爪勢

1.右勢

接上勢。以鼻呼吸，吸氣，左腳向右腳內側併攏成併步直立，兩掌成拳屈肘收於腰側，拳心向上，意念內氣由兩拳沿兩臂外側（手三陽經）上

圖2-53

行經百會穴向前下過膻中下至丹田。呼氣，右拳成掌向左前直臂插出，掌心向上，左拳向上於右腋前，拳心向上，目視右掌，意念丹田內氣上行經膻中過右腋下沿右臂內側（手三陰經）注入右掌（圖2-53）。然後吸氣，左掌成拳收回腰側。

照上所述，吸氣收抱拳，呼氣左前插掌為一次，共做

30次。

2.左勢

左右手勢互換。以鼻呼吸。吸氣，右掌成拳屈肘收抱於腰側，拳心向上，意念內氣由兩拳沿兩臂外側（手三陽經）上行經百會穴向前下過膻中下至丹田。呼氣，左拳成掌向右前直臂插出，掌心向上，右拳向上於左腋前，拳心向上，目視左掌，意念丹田內氣上行經膻中過左腋下沿左臂內側（手三陰經）注入左掌。（圖2-54）

圖2-54

照上所述，一吸一呼為一次，共做30次。

（十）餓虎撲食勢

1.右勢

接上勢。右腳前邁一大步，屈膝半蹲，左腿挺膝蹬直成為右弓步，同時俯身、拔脊、塌腰、昂頭，兩臂於體前垂直，兩掌十指撐地，目視前方。定勢後，以鼻呼吸。吸氣時，意想氣由兩手沿兩臂外側（手三陽經）經百會穴向前下沿任脈至丹田。呼氣時，丹田內氣沿任脈上行經膻中分兩股過兩腋下沿兩臂內側（手三陰經）注入兩手十指。（圖2-55）

照上所述，一吸一呼為一次，共做30次。

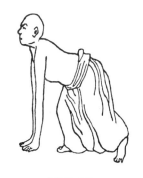

圖2-55

2.左勢

身體起立，左腳前邁一大步，屈膝半蹲，右腿挺膝蹬直成為左弓步，同時俯身、拔脊、塌腰、昂頭，兩臂於體前垂直，兩掌十指撐地，目視前方。定勢後，以鼻呼吸。吸氣時，意想氣由兩手沿兩臂外側（手三陽經）

圖2-56

經百會穴向前下沿任脈至丹田。呼氣時，丹田內氣沿任脈上行經膻中分兩股過兩腋下沿兩臂內側（手三陰經）注入兩手十指。（圖2-56）

照上所述，一吸一呼為一次，共做30次。

（十一）打躬勢

接上勢。右腳前上成開立步，然後，兩手十指相交叉抱於頭後腦勺上，掌心向前，拇指側均向下，動作不停，腰向前下俯，儘量使頭接近兩膝。定勢後，以鼻呼吸。吸氣時，意想氣由兩足湧泉穴向後上沿兩腿後側（足三陰經）上行過會陰至丹田。呼氣時，意想丹田內氣下行經會陰分兩股向前下沿兩腿內前側（足三陽經）下行至兩足。（圖2-57）

照上所述，一吸一呼為一次，共做30次。

（十二）掉尾勢

接上勢。兩手前下落於兩腳前，兩掌撐地。定勢後，以鼻自然呼吸，意守丹田半分鐘。（圖2-58）

圖 2-57

圖 2-58

然後起立成併步直立。即可收功。

第二節　點穴搏擊外功練法

一、鐵沙掌功

先備一個長寬各 60 公分左右的方形沙袋，內裝鐵沙。置於高與臍平的堅固的木凳上。面對沙袋，距離適宜，馬步站立，兩拳抱於腰側，拳心向上。（圖2-59）

按順式呼吸，鼻吸口崩。接著吸氣，同時全身放鬆，右拳成掌向下、向後甩，意念天地精華之氣由右臂外側上行經百會

圖 2-59

圖 2-60

圖 2-61

圖 2-62

圖 2-63

向前下沿任脈沉聚入丹田。（圖 2-60）

　　動作不停，閉氣，同時全身放鬆，右掌緩緩地繼續向後、向上揚掌於右前上方，意念丹田內氣上行膻中穴，經右腋下沿右臂內側注入右掌（圖 2-61）。動作不停，崩氣，同時，全身收緊，收肛提睾丸，十趾抓地，右掌快速向前、向下，用掌（先小指側，再掌心，後掌背）打擊沙袋，意念丹田氣源源不斷注入右掌，全身力量集中在右掌上。（圖 2-62、圖 2-63、圖 2-64）

圖 2-64

　　掌落在沙袋上稍停片刻後，照上述方法反覆練至右掌發紅、發熱、疼痛難忍時，改換左掌練習。功畢用藥水洗手，下附洗手藥方三款供選擇使用。

　　方一：透骨皮、鳥頭蛇、地風、熟地各 10 克，血竭 13 克，椿根皮、銅綠、地骨皮、桑根皮、章連、麻根皮各 20 克，用水 10 碗，熬水去渣，練功後浸洗手部。36 天後按原方重新配方換藥。

　　方二：川鳥、草鳥、南星、蛇床、乳香、半夏、沒藥、百部、花椒、紅花、狼毒、透骨草、藜蘆、龍骨、蛤蜊各 5 克，地骨皮、紫花地丁、硫磺各 50 克，青鹽 200 克，劉寄奴 100 克，用醋 5 大碗（每碗約合 500 克）加水 5 大碗，熬煎至 7 大碗時，裝入罐子備用。36 天後按原方重新配方換藥。

　　方三：骨碎補、五加皮、桂枝、紅花、血竭、乳沒、伸筋草各等量煎湯薰洗，或一次煎湯，練功後每次加熱洗手，洗手時用藥渣搓擦至手掌發熱為好。36 天後按原方重新配方換藥。

二、插沙功

練功前備好一個桶，桶內盛滿綠豆。

用順式呼吸，鼻吸鼻噴，吸氣，同時，馬步站立於綠豆桶前，兩掌抱於兩腰側，掌心向上，目視綠豆桶，意念天地精華之氣由臂外側上行經百會向前下沿任脈沉聚於丹田。（圖2-65）

接著，噴氣，同時，收肛提睪丸，右掌用力向桶內綠豆裏猛插，意念丹田內氣沉任脈上升膻中穴，過右腋下沿臂內側直向五指奔瀉而去。（圖2-66）

繼而，吸氣，同時全身放鬆，將插入綠豆內的手抽回還原，並意領內氣從手臂外側上升百會沿任脈返回丹田。

照上所述，吸抽、噴插反覆練習至兩手發熱、發麻、微痛時為度。待兩手插到有一定功夫後，改插黃沙，然後再改插鐵沙。插鐵沙時，應注意用洗指藥洗手，下附洗指藥方二款，供選擇使用。

方一：百信2.5克，蜈蚣、陽起石、元參、小川蓮、紅

圖2-65

圖2-66

花各 5 克，打屁蟲 7 個，防風、白鮮皮、黑如母、皂角、荊芥、大歸尾、金銀花、白蒺藜各 10 克，硼砂、紅娘子各 25 克，華水蟲 40 克，側柏、乾薑各 50 克，用水 5000 克，熬濃去渣，練功後指掌浸入藥汁中 3～5 分鐘，然後用清水洗淨擦乾。

方二：川烏、草烏、南星、蛇床、半夏、百部各 0.3 克，花椒、狼毒、透骨草、藜蘆、龍骨、地骨皮、紫苑、地丁各 3 克，劉寄奴 6 克，青鹽 12 克，用醋 5 碗，水 5 碗，煎至為 7 碗，練功後每次加熱洗指掌。36 天後按原方重新配方換藥。

三、鷹爪功

練功前先備好小口罈子一個。

將罈子置於身前，兩腳開立，下蹲成馬步，上體正直，舌抵上腭，目視罈子。

動作站好後，採用逆式呼吸（吸氣時腹部收縮，呼氣時腹部隆起），鼻吸鼻呼。吸氣的同時，以一隻手的拇、食、中三指抓持罈口根部，意念天地精華之氣由手臂外側上行經百會穴向前下沿任脈沉聚於丹田。（圖 2-67）

接著，閉氣，同時，收肛，提睾丸，將罈子上提與腹齊平，意念丹田內氣注入抓罈子之手指。（圖 2-68）

繼而，呼氣，同時，全身放鬆，將罈子緩緩放回原處。

照上述方法反覆練習 49 遍後換另一手練習。待練到手有一定功夫後，罈內可漸漸增添沙子，直至提百餘斤而力不乏、氣不湧時，掌指實力驚人乃初功告成。

圖 2-67

圖 2-68

四、合盤掌功

　　兩手心向上抓握木棒兩端，兩臂前舉（圖 2-69）。採用逆式呼吸，鼻呼鼻吸。

　　呼氣，右手持木棒一端，向上、向左做弧形擰轉（圖 2-70），右手繼續用力擰翻，並向左手腕下伸，兩手心向下，意念丹田內氣上升膻中穴分兩股過兩腋下沿兩臂內側注入兩手勞宮穴。（圖 2-71）

圖 2-69

圖 2-70

圖 2-71

吸氣，右手持棒一端向上、向右做弧形擰轉還原，意念氣由兩臂外側上行經百會向前下沿任脈沉入丹田。

照上述方法反覆練習。

五、上罐功

練功前備好直徑 3 公分左右，長 30～40 公分的圓木棒一根，中間繫一繩索，繩下一罐子（罐內可逐漸添加重物）。

圖 2-72

兩腳橫開立稍寬於肩，兩腳平直，腳尖稍裏扣，兩腿屈膝，半蹲成馬步。兩手心向下抓握木棒兩端，兩臂向前伸直與肩平。（圖2-72）

動作擺好後，採用順式呼吸，鼻呼鼻吸。吸氣的同時意想天地精華之氣由百會穴納入丹田。繼而呼氣，同時兩手連續向前抓擰木棒，使繩索逐漸纏繞在木棒上，意念丹田內氣沿任脈上行經膻中穴，分兩

圖 2-73

股過兩腋下沿兩臂內側注入兩手十指。（圖2-73）

再做吸氣，同時，兩手連續向後抓擰木棒，使繩索鬆下還原，意念氣由百會沿任脈下行沉入丹田。

照上所述動作反覆練習。

六、運磚功

兩腳開立，腳尖朝前，兩腳間距為自己腳長的 3 倍，兩腿屈膝下蹲成馬步，身體保持端正，收腹含胸，鬆肩斂臀，兩手各持磚頭兩塊（或鉛球、啞鈴、石鎖等重物）屈肘收於腰側，手心向上，目視前方。（圖 2-74）

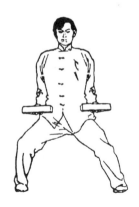

圖 2-74

接上動作，站好後，採用逆式呼吸，鼻吸鼻呼。

呼氣，同時雙手持磚由腰間向前用暗勁，平肩直臂推出，手心向下，意念丹田之氣上行經膻中穴過兩腋下沿兩臂內側貫注於雙手臂。（圖 2-75）

接上動作，吸氣，同時雙臂屈肘收回還原，意念氣從雙臂外側返回丹田。

照上述動作反覆練習。

圖 2-75

七、千層紙功

練功前將 60 公分的方形千層紙固定在對面與胸齊平的牆面上。面對千層紙，開腳直立，距離適宜。用順式呼吸，鼻吸鼻噴。

吸氣，同時意想天地精華之氣沿臂外側上升經百會穴

圖 2-76

圖 2-77

向前下沿任脈沉入
丹田。

　繼而噴氣，同
時以右拳拳面，或
四指或食中兩指向
千層紙中央用力快
速擊打，意念丹田
內氣上升膻中穴經
右腋下沿臂內側向
右手奔瀉而去。

圖 2-78

（圖 2-76、圖 2-77、圖 2-78）

　接著再吸氣，同時右手收回，意念氣從右手臂外側上
升至頭部百會穴向前下沿任脈沉入丹田。

　照上述動作練至右手發木、發熱，疼痛時，改換左手
練習。

圖 2-79

圖 2-80

八、沙袋操功

採用順式呼吸，鼻呼鼻
吸。

將沙袋置於襠前，馬步
站立。吸氣，右手抓袋上
提，意念氣收聚於丹田。
（圖2-79）

圖 2-81

動作不停，閉氣，同時
翻腕上拋，使沙袋向上騰
起，意念丹田內氣上行至右手。（圖2-80）

當沙袋下落時，噴氣，用左手順勁接袋放於襠前，意
念內氣注入五指尖。

吸氣，左手抓袋上提，意念氣收聚於丹田。（圖2-
81）

圖 2-82

圖 2-83

　　動作不停，閉氣，同時翻
腕上拋，使沙袋向上騰起，意
念丹田內氣上行至左手。（圖
2-82）

　　當沙袋下落時，噴氣，用
右手順勁接袋放於襠前，意念
內氣注入五指尖。

　　吸氣，右手抓袋上提，意
念氣收聚於丹田。（圖 2-
83）

圖 2-84

　　動作不停，閉氣，同時翻
腕向背後反帶上拋，沙袋從背後向上騰起，意念丹田內氣
上行至右手。（圖 2-84）

　　當沙袋下落時，噴氣，用左手順勁接袋放於襠前，意
念內氣注入五指尖。

圖2-85　　　　　　　　　　　圖2-86

　　吸氣，左手抓袋上提，意念氣收聚於丹田。（圖2-85）

　　動作不停，閉氣，同時翻腕向背後反帶上拋，沙袋從背後向上騰起，意念丹田內氣上行至左手。（圖2-86）

　　當沙袋下落時，噴氣，用右手順勁接袋放於襠前，意念內氣注入五指尖。照上述動作上提、上拋、接袋反覆練習。

第三章 點穴搏擊基本技法

第一節　點穴的基本手型

一、指

在點穴中最常用的指有一指、二指和排指等。

（一）一　指

中指伸直，其餘四指內屈，拇指內扣，壓緊食指和無名指。（圖3-1）

（二）二　指

食指與中指挺直併攏或叉開，無名指與小指屈握於掌內，拇指內扣或屈壓於無名指骨節上。（圖3-2）

圖 3-1

圖 3-2

（三）排　指

拇指內扣，其餘四指併攏伸直。（圖3-3）

圖3-3

二、掌

四指併攏伸直，拇指內扣，向上翹腕。（圖3-4）

三、爪

五指儘量張開，指尖內扣，撐圓。（圖3-5）

四、拳

在點穴中常用的拳有平拳、單鳳眼拳、雙鳳眼拳、鳳點拳、扣爪拳等。

圖3-4

（一）平　拳

四指捲握，拇指緊扣，拳面平齊。（圖3-6）

（二）單鳳眼拳

四指捲握，拇指緊扣，食指骨節突出。（圖3-7）

圖3-5

圖 3-6

圖 3-7

圖 3-8

圖 3-9

（三）雙鳳眼拳

四指捲握，拇指緊扣食指，中指骨節並列突出。（圖3-8）

（四）鳳點拳

四指捲握，拇指緊扣，中指骨節突出。（圖3-9）

圖 3-10

（五）扣爪拳

四指捲握，二三骨節彎曲，指尖內扣均與掌內相觸，拇指向內扣緊。（圖3-10）

第二節　點穴搏擊指法

一、一指法

此法主要用於點刺人身孔眼，軟組織和筋骨凹陷處的諸穴。

(一)左一指直點

預備勢站立（圖3-11），以鼻吸氣，意念氣沉丹田。之後，左拳伸出一指直線向前擊點，拳眼向上，並左肩前順，目視左指（圖3-12），同時，以鼻噴氣，意念丹田氣經膻中穴過左腋下沿臂內側達中指尖。動作不停，吸氣，屈左一指成拳收回成預備勢。

要點：要轉腰、順肩、抖臂，爆發用力，指與前臂成直線。

圖3-11

圖3-12

圖 3-13

圖 3-14

(二)右一指直點

　　預備勢站立（圖 3-13），以鼻吸氣，意念氣沉丹田。之後，右拳伸出一指直線向前擊點，拳向上，左拳收置下頜處，目視右指（圖 3-14），同時，以鼻噴氣，意念丹田內氣經膻中穴過右腋下沿臂內側達中指尖。動作不停，吸氣，屈右指成拳收回成預備勢。

　　要點：要轉腰、順肩、抖臂，指與前臂成直線。

(三)左一指橫點

　　預備勢站立（圖 3-15），以鼻吸氣，意念氣沉入丹田。之後，左拳伸出一指經左側向右前方屈肘橫點，目視左指（圖 3-16），同時，以鼻噴氣，意念丹田內氣經膻中穴過左腋下沿臂內側達中指尖。動作不停，吸氣，

圖 3-15

圖 3-16

圖 3-17

屈左一指成拳收回成預備勢。

　　要點：蹬腿、轉腰，催肩，爆發橫點，肘部不宜抬得過高。上下要協調，不要後撒手臂。

（四）右一指橫點

　　預備勢站立（圖 3-17），以鼻吸氣，意念氣沉丹田。之後，右拳伸出一指經右側向左前方屈肘橫點，目視右指（圖 3-18），同時，以鼻噴氣，意念丹田內氣經膻中穴過右腋下沿臂內側達中指尖。動作不停，吸氣，屈右一指成拳收回成預備勢。

　　要點：蹬腿、轉腰、催肩，爆發橫點，肘部不宜抬得過高。上下要協調，不要後撒手臂。

（五）左一指下點

　　預備勢站立（圖 3-19），以鼻吸氣，意念將氣沉入丹田。之後，左拳成一指內旋成拳眼向內，由外向上、向下點擊，目視左指（圖 3-20），同時，以鼻噴氣，意念丹田

圖 3-18

圖 3-19

圖 3-20

圖 3-21

內氣上升經膻中穴過左腋下沿臂內側達指尖。動作不停，吸氣，屈左指成拳收成預備勢。

　　要點：轉腰、送髖要協調一致。下點要短、快，抖臂，快發速收。

（六）右一指下點

　　預備勢站立（圖 3-21），以鼻吸氣，意念將氣沉入丹田。之後，右拳伸出一指內旋成拳眼向內，由外向上、向

下點擊，目視右指（圖3-22），同時，以鼻噴氣，意念丹田內氣上升經膻中穴過右腋下沿臂內側達指尖。動作不停，吸氣，屈右指成拳收成預備勢。

要點：轉腰、送髖要協調一致。下點要抖臂、發勁短快，一發即收。

圖3-22

二、二指法

主要用於戳擊人之眼、鼻、肋間和軟組織諸穴。

（一）左二指前戳

預備勢站立（圖3-23），以鼻吸氣，意念將氣沉入丹田。之後，左拳伸二指直線向前戳擊，拳眼向右，目視二指（圖3-24），同時，以鼻噴氣，意念丹田內氣上升經膻中穴過左腋下沿左臂內側達二指尖。

圖2-23

圖2-24

圖 3-25

圖 3-26

要點：順肩、擰髖、戳指要協調，快速有力。

(二)右二指前戳

預備勢站立（圖3-25），以鼻吸氣，意念將氣沉入丹田。之後，右拳伸二指直線向前戳擊，拳眼向左，目視二指（圖3-26），同時，以鼻噴氣，意念丹田內氣上升經膻中穴過右腋下沿右臂內側達二指尖。

要點：順肩、擰髖、戳指要協調和快速有力。

三、排指法

(一)左排指上插

預備勢站立（圖3-27），以鼻吸氣，意念將氣沉入丹田。之後，左拳成排指由下向上插

圖 3-27

擊,掌心向裏,目視左掌(圖
3-28),同時,以鼻噴氣,意
念丹田內氣上升經膻中穴過左
腋下,沿左臂內側達左掌指
尖。

要點:上插、轉體、送髖
三者要協調一致。上插要快速
有力。

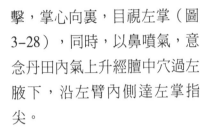

圖3-28

(二)右排指上插

預備勢站立(圖3-29),以鼻吸氣,意念將氣沉入丹
田。之後,右拳成排指由下向上插擊,掌心向裏,目視右
掌(圖3-30),同時,以鼻噴氣,意念丹田內氣上升經膻
中穴過右腋下,沿右臂內側達右掌指尖。

要點:上插、轉體、送髖三者要協調一致。上插要快
速有力。

圖3-29

圖3-30

圖 3-31

圖 3-32

(三)左立排指前插

預備勢站立（圖 3-31），以鼻吸氣，意念將氣沉入丹田。之後，左拳成排指直線向前插擊，拇指側向上，目視左掌（圖 3-32），同時，以鼻噴氣，意念丹田內氣上升經膻中穴過左腋下沿左臂內側達左掌指尖。

要點：順肩、擰髖、插指要協調、快速有力。

(四)右立排指前插

預備勢站立（圖 3-33），以鼻吸氣，意念將氣沉入丹田。之後，右拳成排指直線向前插擊，拇指側向上，目視右掌（圖 3-34），同時，以鼻噴氣，意念丹田內氣上升經膻中穴過右腋下沿右臂內側達右掌指尖。

要點：順肩、擰髖、插指要協調、快速有力。

圖 3-33

圖 3-34

（五）左平排指前插

　　預備勢站立（圖 3-35），以鼻吸氣，意念將氣沉入丹田。之後，左拳成排指直線向前插擊，掌心向下或向上，目視左掌（圖 3-36），同時，以鼻噴氣，意念丹田內氣向上經膻中穴過左腋下沿臂內側達掌指尖。

圖 3-35

圖 3-36

圖 3-37

圖 3-38

要點：順肩、擰髖、插指要協調，快速有力。

（六）右平排指前插

預備勢站立（圖 3-37），以鼻吸氣，意念將氣沉入丹田。之後，右拳成排指直線向前插擊，掌心向下或向上，目視右掌（圖 3-38），同時，以鼻噴氣，意念丹田內氣向上經膻中穴過右腋下沿臂內側達掌指尖。

要點：順肩、擰髖、插指要協調、快速有力。

第三節　點穴搏擊掌法

掌法主要用於上肢、下肢、頸部及肋部諸穴。

一、左推掌

預備勢站立（圖 3-39），以鼻吸氣，意念氣沉丹田。之後，左拳變掌，旋臂向前立掌推擊，目視左掌（圖 3-

圖 3-39　　　　　　　　　　　圖 3-40

40），同時，以鼻噴氣，意念丹田之內氣上升經膻中穴過左腋下沿臂內側達左掌勞宮穴。

要點：轉腰、催肩、推擊要快速有力。

二、右推掌

預備勢站立（圖 3-41），以鼻吸氣，意念氣沉丹田。之後，右拳變掌，旋臂向前立掌推擊，目視右掌（圖 3-42），同時，以鼻噴氣，意念丹田之內氣上升經膻中穴過右腋下沿臂內側達右掌勞宮穴。

要點：轉腰、順肩、推擊要快速有力。

三、左拍掌

預備勢站立（圖 3-43），以鼻吸氣，意念氣沉丹田。之後，左拳變掌，向外、向上、向右、向下拍按，掌心向下或向右，目視左掌（圖 3-44），同時以鼻噴氣，意念丹田之內氣上升膻中穴經左腋下沿臂內側達勞宮穴。

圖 3-41

圖 3-42

圖 3-43

圖 3-44

要點：轉腰、催肩、揮臂放鬆，下拍按要快脆。

四、右拍掌

　　預備勢站立（圖3-45），以鼻吸氣，意念氣沉丹田。之後，右拳變掌，向外、向上、向左、向下拍按，掌心向

圖3-45　　　　　　　　　圖3-46

下或向左，目視右掌（圖3-46），同時以鼻噴氣，意念丹田之內氣上升膻中穴經右腋下沿臂內側達勞宮穴。

　　要點：轉腰、催肩、揮臂放鬆，下拍按要快而脆。

五、裏橫砍掌

　　預備勢站立（圖3-47），以鼻吸氣，意念氣沉丹田。之後，右拳變掌，掌心向上，小指側為力點，由屈到伸從外向裏橫砍，目視右掌（圖3-48），同時，以鼻噴氣，意念丹田內氣上升經膻中穴過右腋下沿臂內側達手掌勞宮穴。

　　要點：擰腰、右肩前順、鞭狀動作橫擊，上體微向後側斜傾。

六、外橫砍掌

　　預備勢站立（圖3-49），以鼻吸氣，意念氣沉入丹田。之後，右拳變掌，掌心向下，由屈到伸從裏向外橫

圖 3-47

圖 3-48

圖 3-49

圖 3-50

砍，目視左掌（圖 3-50），同時，以鼻噴氣，意念丹田內氣上升經膻中穴過左腋下沿左臂內側達勞宮穴。

　　要點：擰腰、催肩、伸臂砍掌時以肘為軸並要有彈脆勁。

第四節　點穴的爪法

爪法主要用於拿點手、足、腕及頸部諸穴。

一、索摳法

預備勢站立，以鼻吸氣，意念氣沉丹田，將對方要拿穴位抓握於小指、無名指、中指和拇指內。同時，以鼻噴氣，並用中指猛力摳其穴位，其餘索住，使其不能解脫（圖3-51），意念丹田內氣上升經過膻中穴腋下沿臂內側達中指尖。

要點：中指、拇指索摳要緊，小指、無名指助之。

二、摳抓法

預備勢站立，以鼻吸氣，意念氣沉丹田，將對方要拿穴位抓握於虎口內掌心裏，四指併攏屈指稍節扣住被抓握部位的一側，拇指摳緊其另一側。同時，以鼻噴氣，並用食指尖斜線猛摳其穴（圖3-52），意念丹田內氣上升經膻

圖 3-51

圖 3-52

中穴過腋下沿臂內側達食
指尖。

要點：用指尖摳住被
抓握部兩側成半握狀，指
尖用力摳住抓緊，牢固於
掌心裏。

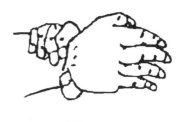

圖 3-53

三、握招法

預備勢站立，以鼻吸氣，意念氣沉丹田，之後，將對
方之腕握於掌內。同時，以鼻噴氣，並用中指內摳其穴
（圖 3-53），意念丹田內氣上升經膻中穴過腋下沿臂內側
達中指尖。

要點：五指內屈，滿把捲握住其腕，並用指尖摳其穴
位，用力要猛。

第五節　點穴搏擊拳法

一、平拳法

主要用於擊打頭部和軀幹部諸穴。

(一)左平直拳

預備勢站立（圖 3-54），以鼻吸氣，意念氣沉入丹
田。之後，左拳向前直線沖出，拳心向下，目視左拳（圖
3-55），同時，以鼻噴氣，意念丹田內氣上升經膻中穴過
腋下沿臂內側達拳面。

圖3-54　　　　　　　　　　　圖3-55

要點：要轉腰、順肩，發力要短快。

（二）右平直拳

預備勢站立（圖3-56），以鼻吸氣，意念氣沉丹田。之後，右拳向前直線沖出，拳心向下，目視右拳（圖3-57），同時，以鼻噴氣，意念丹田內氣下升經膻中穴過腋

圖3-56　　　　　　　　　　　圖3-57

圖 3-58

圖 3-59

下沿臂內側達拳面。

要點：要轉腰、順肩，沖拳快猛。

（三）左平勾拳

預備勢站立（圖3-58），以鼻吸氣，意念氣沉丹田。之後，左拳經左側向右前方屈肘橫擊，拳心向下，目視左拳（圖3-59），同時，以鼻噴氣，意念丹田內氣上升膻中穴過左腋下沿臂內側達拳面。

要點：蹬腿、轉腰、催肩爆發橫擊，肘部不要抬得過高，上下要協調。

（四）右平勾拳

預備勢站立（圖3-60），以鼻吸氣，意念氣沉丹田。之

圖 3-60

後，右拳經右側向左前方屈肘橫擊，拳心向下，目視右拳（圖3-61），同時，以鼻噴氣，意念丹田內氣上升膻中穴過右腋下沿臂內側達拳面。

要點：蹬腿、轉腰、催肩爆發橫擊，肘部不要抬得過高。上下要協調。

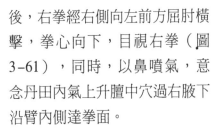

圖 3-61

二、鳳眼拳法

鳳眼拳包括單鳳眼拳和雙鳳眼拳兩種。主要用於擊打人之面部、胸腹部諸穴。

（一）左鳳眼直拳

預備勢站立（圖3-62），以鼻吸氣，意念氣沉丹田。之後，左拳成單鳳眼拳或雙鳳眼拳直線向前擊出，拳眼向上，目視左拳（圖3-63），同時，以鼻噴氣，意念丹田內

圖 3-62

圖 3-63

圖 3-64   圖 3-65

氣上升膻中穴過左腋下沿臂內側達突起指節尖。

要點：轉腰、催肩、沖拳要快猛。

（二）右鳳眼直拳

預備勢站立（圖3-64），以鼻吸氣，意念氣沉丹田。之後，右拳成單鳳眼拳或雙鳳眼拳直線向前擊出，拳眼向上，目視右拳（圖3-65），同時，以鼻噴氣，意念丹田內氣上升膻中穴過右腋下沿臂內側達突起指節頂尖。

要點：轉腰、催肩、沖拳要快猛。

三、鳳點拳法

此拳主要用於擊打對方頭部，胸腹和背部諸穴。

（一）左鳳點直拳

預備勢站立（圖3-66），以鼻吸氣，意念氣沉丹田。之後，左拳成鳳點拳直線向前擊出，拳心向下，目視左拳

圖 3-66   圖 3-67

（圖 3-67），同時，以鼻噴氣，意念丹田內氣上升膻中穴過左腋下沿臂內側達左拳突起指節尖。

　　要點：要轉腰、順肩，沖拳要快猛。

（二）右鳳點直拳

　　預備勢站立（圖 3-68），以鼻吸氣，意念氣沉丹田。之後，右拳成鳳點拳直線向前擊出，拳心向下，目視右拳（圖 3-69），同時，以鼻噴氣，意念丹田之內氣上升膻中穴過右腋下沿右臂內側達右拳突起指節尖。

　　要點：要轉腰、順肩，沖拳要快猛。

四、扣爪拳法

　　此拳主要用於擊打胸部和頭部前後諸穴。

（一）左扣爪直拳

　　預備勢站立（圖 3-70），以鼻吸氣，意念氣沉丹田。

圖 3-68

圖 3-69

圖 3-70

圖 3-71

之後，左拳成扣爪拳，直拳向前擊出，拳眼向上，目視左拳（圖3-71），同時，以鼻噴氣，意念丹田內氣上升經膻中穴過左腋下沿臂內側達拳四指節尖。

　　要點：要轉腰、順肩，沖拳要快猛。

圖 3-72   圖 3-73

（二）右扣爪直拳

預備勢站立（圖 3-72），以鼻吸氣，意念氣沉丹田。之後，右拳成扣爪拳，直線向前擊出，拳眼向上，目視右拳（圖 3-73），同時，以鼻噴氣，意念丹田內氣上升經膻中穴過右腋下沿臂內側達拳四指節尖。

要點：要轉腰、順肩，沖拳要快猛。

第六節　點穴搏擊肘法

肘法主要用於頂擊人之胸、腹、肋、背部的要害諸穴。

一、頂　肘

預備勢站立，以鼻吸氣，意念氣沉丹田。之後，前上右步成右弓步，屈右肘向前頂擊，目視肘尖（圖 3-74），同時，以鼻噴氣，意念丹田內氣上升經膻中穴過右腋下沿

圖 3-74

圖 3-75

臂內側達右肘尖。

　　要點：頂肘時上步屈肘要協調，頂肘要快猛。

二、沉　肘

　　預備勢站立，以鼻吸氣，意念氣沉入丹田。之後，左臂屈肘向下沉頂，肘尖向下，目視肘尖（圖 3-75），同時，以鼻噴氣，意念丹田內氣上升經膻中穴過左腋下沿臂內側達肘尖。

　　要點：沉肘時上體稍前俯，身體重心下降，沉肘要快猛。

三、砸　肘

圖 3-76

　　預備勢站立，以鼻吸氣，意念氣沉丹田。之後，右臂屈肘由後向上、向前下砸擊，目視右肘（圖 3-76），同時，以鼻噴氣，意念丹田內

圖 3-77　　　　　　　　　　圖 3-78

氣上升經膻中穴過右腋下達右肘尖。

　　要點：要蹬腿、擰腰、右肩前順。砸肘要快猛。

四、擺　肘

　　預備勢站立，以鼻吸氣，意念氣沉丹田。之後，右肩屈肘，以肘尖為力點由右向上、向左擺擊，目視右肘尖（圖 3-77），同時，以鼻噴氣，意念丹田之內氣上升經膻中穴過右腋沿臂內側達肘尖。

　　要點：要擰腰、順肩，擺擊要快猛。

五、挑　肘

　　預備勢站立，以鼻吸氣，意念氣沉入丹田。之後，右臂屈肘由下向前上挑擊，目視右肘（圖 3-78），同時以鼻噴氣，意念丹田內氣上升經膻中穴過右腋下沿臂內側達肘尖。

　　要點：上身左擰，右肩前順，上挑快猛。

第七節 點穴搏擊膝法

膝法主要用於撞擊人之腹、肋、襠等部要害諸穴。

一、上撞膝

預備勢站立，以鼻吸氣，意念氣沉入丹田。之後，身體重心移於右腿，並支撐體重，左腿屈膝向上撞擊，目視左膝方（圖 3-79），同時，以鼻噴氣，意念丹田內氣下行過會陰沿左腿前內側達膝頂部。

要點：支撐腿要穩，撞膝要快猛。

二、斜上撞膝

預備勢站立，以鼻吸氣，意念氣沉丹田。之後，身體重心前移向左腿，左腿支撐體重，右腿屈膝由後斜前上撞擊，目視右膝（圖 3-80），同時，以鼻噴氣，意念丹田內

圖 3-79

圖 3-80

氣下行過會陰沿右腿內前側達膝頂部。

　　要點：支撐腿要穩，撞膝要快猛。

三、橫撞膝

　　預備勢站立，以鼻吸氣，意念氣沉入丹田。之後，身體重心前移至左腿，左腿支撐體重，右腿屈膝上抬向左前橫撞，目視右膝（圖3-81），同時，以鼻噴氣，意念丹田內氣下行過會陰沿右腿內前側達右膝頂部。

　　要點：支撐腿要穩，展髖、撞膝要快猛。

四、跪壓膝

　　預備勢站立，以鼻吸氣，意念氣沉入丹田。之後，身體重心前移，左腿屈膝前下跪壓，目視左膝（圖3-82），同時，以鼻噴氣，意念丹田內氣下行過會陰，沿左腿內前側達膝頂部。

　　要點：跪膝要快猛。

圖3-81

圖3-82

第八節　點穴搏擊腿法

腳法主要用於踢擊胸以下部位諸要害穴位。

一、彈　踢

預備勢站立，以鼻吸氣，意念氣沉入丹田。支撐腿穩屈，另一腿由屈到伸向前彈擊，膝部挺直，腳面繃平，目視左腳（圖3-83），同時，以鼻噴氣，意念丹田內氣下行過會陰沿左腿內前側達左腳尖。

要點：支撐腿要穩，彈擊要脆快有力，且迅速回收。

二、蹬　踢

預備勢站立，以鼻吸氣，意念氣沉入丹田。之後，支撐腿稍屈，另一腿由屈到伸勾足尖向前蹬擊，膝部挺直，目視腳前（圖3-84），同時，以鼻吸氣，意念丹田內氣下

圖 3-83

圖 3-84

行過會陰沿腿內前側達腳跟。

要點：支撐腿要穩，蹬擊要脆快有力，回收迅速。

三、側　踹

預備勢站立，以鼻吸氣，意念氣沉入丹田。之後，支撐腿稍屈，上體斜傾同時另一腿由屈到伸，腳尖勾起猛力踹擊（圖3-85），以鼻噴氣，意念丹田內氣下行過會陰沿腿內前側達腳跟。

要點：側斜傾身體、下降重心、踹擊三者要同時進行。

四、前點踢

預備勢站立，以鼻吸氣，意念氣沉丹田。之後，支撐腿微屈，另一腿由屈到伸，腳面繃平，向前點踢，上身稍後仰（圖3-86），同時，以鼻噴氣，意念丹田內氣下行過會陰沿腿內前側達腳尖。

圖 3-85

圖 3-86

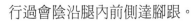

武林點穴搏擊秘技

要點：仰點同時重心要穩，點的收速度要快。

五、後蹬踏

預備勢站立，以鼻吸氣，意念氣沉丹田。之後，身體前俯，一腿支撐體重，一腿向後蹬擊，腳尖向下（圖3-87），同時，以鼻噴氣，意念丹田內氣下行過會陰沿腿內前側達腿根。

要點：前俯右後轉身要快，重心要穩，跟擊力點要準確。

六、勾　踢

預備勢站立，以鼻吸氣，意念氣沉入丹田。之後，身體重心要後移並向前轉體，前腿直腿向上、向裏勾踢（圖3-88），同時，以鼻噴氣，意念丹田內氣下行過會陰沿腿內前側達腳尖。

要點：支撐腿要穩，轉身側偏上體與勾踢要同時。

圖 3-87

圖 3-88

圖 3-89　　　　　　　　　　圖 3-90

七、旋轉橫掃

　　預備勢站立，鼻吸氣，意念氣沉入丹田。之後，前腿微屈支撐體重，後轉身 180°，同時後腿後上擺橫掃（圖 3-89、圖 3-90），並以鼻噴氣，意念丹田之內氣下行過會陰沿腿內前側達腳底或腳跟。

　　要點：後轉身橫踢時腰部要先擰扭，判斷要準確，起腿要突然快猛。

第 四 章	點穴搏擊實踐

第一節　少林點穴搏擊絕技

一、點打枕骨穴

枕骨穴又名頭竅陰、竅陰、首竅陰，是少陽、太陽經交會穴。

（一）取　穴

在乳突後上方，當天衝穴與完骨穴間平行耳後髮際弧形連線的上 2/3 與下 1/3 交點處。

（二）解　剖

有耳後動、靜脈分支，佈有枕大神經和枕小神經會合支。

（三）點　法

1. 刁腕防拳

甲前上左腳一步，同時用左拳向乙胸部擊打而來，乙成右虛步，同時用左手刁抓住甲左拳腕，用右手固住甲左

圖 4-1

圖 4-2

上臂向左後捋帶。（圖 4-1）

2.固肩防逃

甲左拳落空，速轉身回走，乙右手搬住甲右肩，右腳絆住甲右腿，使其不能逃脫。（圖 4-2）

圖 4-3

3.上步點打

乙左腳前上一步，同時用左手中指擊打甲後腦部枕骨穴，使其受傷而失去反抗能力。（圖 4-3）

（四）要　點

刁腕防拳要及時，固肩要牢固，預防甲逃脫，上步與點穴要協調一致，點穴要快速、準確、有力，力達左手中指。

（五）效　果

可使甲造成頭痛、眩暈、耳鳴、不語，破傷內氣，擾亂人體平衡，損壞內臟，甚至可使全身癱瘓或死亡。

二、點打頰車穴

頰車穴又名鬼床、曲牙、機關、牙車等。

(一)取　穴

開口取穴，在下頜角前上方一橫指凹陷中。

(二)解　剖

在下頜角前方，有咬肌，有咬肌動靜脈，佈有三叉神經第三支的咬肌神經、面神經下頜支耳大神經。

(三)點　法

1.外撥防掌

甲前上一步，同時用右掌向乙胸部擊打而來，乙左腳後退一步成為右虛步，同時用右掌向外撥開甲右推掌。（圖4-4）

圖4-4

2.托肘轉身

乙上體右轉，左手從甲右臂下托住甲右肘，向左橫推，使甲右掌落空。（圖4-5）

3.點打頰車

乙左手繼續固住甲右手，並用右手食指點打甲面

圖4-5

部頰車穴，使甲面部受傷。
（圖4-6）

圖 4-6

（四）要　點

外撥防掌要及時，托甲之肘外推要向外橫向用力，點打甲頰車穴要快速、準確、有力，力達右手食指指尖。

（五）效　果

可使甲局部疼痛，口不能張合，無法言語，或下頜脫臼，頸項強直，頭不能轉動，破傷內氣，擾亂人體平衡，損壞內臟。

三、點打承漿穴

承漿穴又名為懸漿、天池、鬼市、垂漿等。是任脈、督脈、手足陽明經交會穴。

（一）取　穴

在頜唇溝的正中凹陷處。

（二）解　剖

在口輪匝肌下方，下唇方肌與頜肌之間，有下唇動、靜脈分支，佈有面神經的下頜支及頜神經分支。

圖 4-7

圖 4-8

（三）點　法

1.外撥防拳

甲前上右腳一步成為右虛步，同時用右拳向乙胸部擊打而來，乙左腳後撤一步成為右虛步，同時用右前臂向外下撥開甲右來拳。（圖 4-7）

圖 7-9

2.橫拍防拳

甲右拳落空收回，並用左直拳向乙胸部再次打來，乙速用右掌向左橫拍開甲左來拳。（圖 4-8）

3.點擊承漿

乙左腳前上步，成為左弓步，同時速用左手中指向甲面部承漿穴猛力擊打，使甲面部受傷。（圖 4-9）

（四）要　點

外撥防拳要及時，向外橫向用力，橫拍再次防守要連貫，拍防橫向用力，點打甲承漿穴要快速、準確、有力，

力達指尖端。

（五）效　果

可使甲局部疼痛，口不能張合，面腫，不能言語，破傷內氣，擾亂人體平衡，損壞內臟。

四、點打膻中穴

膻中穴又名為元兒、上氣海、胸膛、元見。是手厥陰心包經募穴，八會穴之一。

（一）取　穴

在胸正中線上，平第四肋間隙，當兩乳之間。

（二）解　剖

在胸骨體上，有胸廓內動、靜脈的前穿支，佈有第四肋間神經前支的內側皮支。

（三）點　法

1.橫格托防

乙前上右腳一步，並用右掌向甲面部推擊而來，甲速前上左腳一步，成為馬步，同時用左掌向右橫格防開乙來掌，右掌從乙右臂下上托住乙右臂，使乙右臂一時不能變化。
（圖4-10）

圖4-10

圖 4-11

圖 4-12

2.右上架臂

接著甲用右臂向右上挑架開乙右臂，騰出左手。（圖
4-11）

3.擊打膻中

甲右臂抽回，同時用左拳向乙胸部膻中穴猛力擊打，
使乙胸部受傷。（圖4-12）

（四）要　點

左掌橫格防乙來拳要及時，右手上托其臂要牢固，使
其不能變化，右手向上用力挑開乙左拳，迫使乙空出胸
部，擊打乙膻中穴要快速、準確、猛狠、有力，力達左拳
拳面。

（五）效　果

可使甲胸痛、心痛、胸悶、咳嗽，心煩或破傷內氣，
擾亂人體平衡，損壞內臟，造成死亡。

五、點打章門穴

章門穴又名長平、季肋、脾募、肘尖。是足太陰脾經募穴，八會穴之一，臟會章門，是足厥陰和少陽經的交會穴。

(一)取　穴

在第十一浮肋游離端下際。當屈肘合腋時，肘尖止處就是此穴。

(二)解　剖

有腹內、外斜肌及腹橫肌，有第十肋間動脈末支，佈有第十一肋間神經，右側當肝臟下緣，左側當脾臟下緣。

(三)點　法

1.橫斬防掌

甲右腳前上一步，同時用左掌向乙面部推擊而來，乙左腳向左後撤一步成為馬步，同時用右臂向裏橫斬開甲來掌。（圖4-13）

2.外挑騰手

接著乙用左臂從甲左臂外側向上挑架開甲左臂，騰出右手。（圖4-14）

3.擊打章門

乙速用右勾拳向甲左肋部

圖4-13

圖 4-14

圖 4-15

章門穴猛力擊打，使甲肋部受傷。（圖4-15）

（四）要　點

右臂向裏橫斬其來掌要及時，左手挑架其臂要與橫斬防連貫，勾拳擊打甲章門穴要快速、準確、有力，力達拳面。

（五）效　果

可使甲造成局部疼痛，胸肋疼，神疲肢倦，或直接造成內臟損傷或破傷內氣，擾亂人體平衡，損壞內臟，造成死亡。

六、點擊中極穴

中極穴又名玉泉、氣原、氣魚、膀胱募。是任脈與足太陽、厥陰、少陰經交會穴，足太陽膀胱經募穴。

（一）取　穴

在腹正中線上，臍下4寸處。

(二)解 剖

在腹白線上,有腹壁淺動、靜脈分支及腹壁下動、靜脈分支,佈有髂腹下神經分支。內部為乙狀結腸。

(三)點 法

1.挑臂防掌

甲右腳在前,同時用左掌向乙面部擊打而來,乙左腳前上一步,同時用左臂向左上挑架開甲來掌。(圖4-16)

2.橫格防掌

甲左掌落空,速用右掌向乙胸部擊來,乙速用右臂向左橫格開甲來掌,防開甲的再次攻擊。(圖4-17)

3.擊打中極

乙上體右轉,同時用左拳向甲小腹部中極穴猛力擊打,使甲小腹部受傷。(圖4-18)

圖4-16

圖4-17

圖4-18

（四）要　點

挑架臂防掌要及時，橫格防掌要橫向用力，架格防要連貫，擊打中極穴要快速、準確、有力，力達左拳拳面。

（五）效　果

可使甲局部疼痛，少腹脹痛，甚至破傷內氣，擾亂人體平衡，損壞內臟，造成死亡。

七、點擊神厥穴

神厥穴又名臍中、氣舍、氣合、環谷、維會、命蒂。

（一）取　穴

在臍窩正中處。

（二）解　剖

在臍窩正中，有腹壁下動、靜脈，布有第十肋間神經前支的內側皮支。內部為小腸。

（三）點　法

1.外掛防掌

當甲前上右腳一步，成為馬步，並用右掌向乙胸部擊打時，乙右腳右撤一步，成為馬步，同時用左臂向下、向外掛防開甲來掌。（圖4-19）

圖4-19

2.挑架防掌

甲見右掌擊打落空，速回收右掌，並用左掌再次向乙面部擊打而來，乙速用左臂向外上挑架開甲左來掌。（圖4-20）

3.擊打神厥

乙上體左轉，同時用右拳向甲腹部神厥穴猛力擊打，使甲腹部受傷。（圖4-21）

圖4-20

（四）要　點

外掛防掌要及時，挑架防掌向上用力，掛挑防守要連貫，擊打神厥要快、準確、有力，力達拳面。

（五）效　果

圖4-21

可使甲局部疼痛，內腹脹痛，甚至破傷內氣，擾亂人體平衡，損壞內臟，造成死亡。

八、點打尾閭穴

尾閭穴又名長強、氣之陰郄、陰邪、窮骨、龜尾、尾翠骨。是督脈絡穴督脈與足少陰、足少陽經交會穴。

（一）取　穴

在尾骨尖下 0.5 寸，約尾骨尖端與肛門的中點處。

（二）解　剖

在肛尾膈中，有肛門動、靜脈分支，棘突間靜脈叢的延續部，佈有尾神經後支及肛門神經。

（三）點　法

1.直拳擊面

乙主動前上左步成為馬步，同時用左直拳向甲面部擊打，甲左腳後撤一步成為馬步，同時用右臂向裏格攔乙左臂，防開乙拳的擊打。（圖 4-22）

2.轉身逃走

甲將乙左拳防開，右掌仍固住乙左臂，轉身準備逃走。（圖 4-23）

3.點擊尾閭

乙見甲欲逃走，趁機用右直拳向甲後臀部尾閭穴猛力

圖 4-22

圖 4-23

追打，使甲尾閭穴受傷。（圖
4-24）

圖 4-24

（四）要　點

直拳擊甲面部要快速，迫
使甲轉身外逃，直拳擊打甲尾
閭穴要準確、猛狠。

（五）效　果

可使甲局部疼痛，破傷內氣，擾亂人體平衡，損壞內
臟，造成死亡。

九、點打印堂穴

印堂為經外奇穴。

（一）取　穴

兩眉頭連線的中點處。

（二）解　剖

在掣眉間肌中，兩側有額內動、靜脈分支，佈有來自
三叉神經的滑車上神經。

（三）點　法

1.外撥防掌

當甲前上右腳成為馬步，同時用右立掌向乙胸部推擊
時，乙左腳左後退步，成為馬步，同時用右手向外撥開甲

圖 4-25

圖 4-26

右掌。（圖4-25）

2.轉身托肘

乙上體稍向右轉，同時，用左手向上托住甲右肘，使其臂不能變化，乙右手抽回。（圖4-26）

3.點打印堂

圖 4-27

乙左手向下按消甲右掌，同時用右手中指點打甲面部印堂穴，使甲印堂穴受傷。（圖4-27）

（四）要　點

右手外撥防掌要及時，左手托肘要牢固，使甲右臂不能變化，點打甲印堂穴要準確、快速、有力，力達中指指尖。

（五）效　果

可使甲局部疼痛，頭暈目眩，嘔吐，甚至破傷內氣，擾亂人體平衡，損壞內臟，造成死亡。

十、點打下脘穴

下脘穴又名下管、幽門。是任脈、足太陰經交會穴。

(一)取　穴

在腹正中線上，臍上2寸處。

(二)解　剖

在腹白線上，有腹壁上、下動脈交界處之分支，佈有第八肋間神經前支的內側皮支。

(三)點　法

1.橫格防拳

甲前上右腳一步，成為右弓步，同時用左直拳向乙胸部擊打，乙右腳右前上一步成為右虛步，同時用右臂向裏橫格開甲來拳。（圖4-28）

2.插步近身

乙左腳從右腿後向右後插步，接近甲，右臂仍控制住甲左臂。（圖4-29）

圖4-28

圖4-29

3.擊打下脘

動作不停,乙用右直拳擊打甲腹部下脘穴,使甲腹部受傷。(圖4-30)

圖4-30

(四)要　點

右臂裏格來拳要及時,控制甲左臂要牢固,擊打甲下脘穴要快速、準確、有力,力達右拳拳面。

(五)效　果

可使甲局部疼痛,造成腹脹嘔吐,甚至破傷內氣,擾亂人體平衡,損壞內臟,造成死亡。

十一、點打中脘穴

中脘穴又名上紀、太倉、胃脘、中管。是足陽明胃經募穴,八會穴之一,腑會中脘,任脈與太陽、少陽、足陽明經交會穴。

(一)取　穴

在腹正中線上,臍上5寸處。

(二)解　剖

在腹白線上,有腹壁上動、靜脈,佈有第七肋間神經前支的內側皮支。

圖 4-31

圖 4-32

（三）點　法

1. 斬臂防拳

乙前上右腳一步，成為右
虛步，同時用右拳擊打甲胸
部，甲右腳在前成為右虛步，
同時用右臂向下、向外斬開乙
來拳。（圖 4-31）

圖 4-33

2. 橫拍防拳

乙見右拳落空，速又用左直拳向甲胸部擊打，甲用右
掌向裏橫向拍開乙來拳，防開乙左拳的擊打。（圖 4-32）

3. 擊打中脘

動作不停，乙再次用右直拳向甲胸部中脘穴猛力擊
打，使甲胸部受傷。（圖 4-33）

（四）要　點

斬臂防拳要及時，擊打胸部要快速，與擊打中脘穴要
連貫，擊打中脘穴要快速、準確、猛狠、有力，力達右拳

拳面。

（五）效　果

可使甲局部疼痛，造成腹脹嘔吐，甚至破傷內氣，擾亂人體平衡，損壞內臟，造成死亡。

十二、點打啞門穴

啞門穴又名舌橫、舌厭、舌根等。是督脈、陽維脈交會穴。

（一）取　穴

後髮際正中直上 0.5 寸凹陷中。

（二）解　剖

在第一二頸椎之間，有枕動、靜脈分支及棘突間靜脈叢，佈有枕大神經支和第三枕神經。

（三）點　法

1. 橫斬防拳

甲前上右腳一步，成為右虛步，同時用右直拳向乙面部擊打，乙右腳右前上步，成為右虛步，同時用左掌向右橫向斬擊開甲來拳。（圖 4-34）

2. 轉身下壓

乙前上左腳成為右虛步，身

圖 4-34

圖 4-35

圖 4-36

體右轉身，左臂用力向下格壓，控制住甲右臂，使其不能變化。（圖4-35）

3.拳砸啞門

動作不停，乙速用左翻背拳向甲後腦部啞門穴猛力砸擊，使其後腦部受傷。（圖4-36）

（四）要　點

橫斬防拳要及時，下壓控制甲右臂要牢固，使其不能變化，砸擊甲啞門穴要快速、準確、有力，力達拳背。

（五）效　果

可使甲肢體不能動彈、舌強不語、頭痛、頭暈、目眩、頸項強直，或破傷內氣，擾亂人體平衡，損壞內臟，造成死亡。

十三、點打巨厥穴

巨厥穴是手少陰心經募穴。

（一）取　穴

在腹正中線上，臍上6寸處。

（二）解　剖

在腹白線上，有腹壁上動、靜脈，佈有第七肋間神經前支的內側皮支。

（三）點　法

1.外撥防掌

甲前上右腳一步，成為右虛步，同時用右掌向乙胸部推擊，乙左腳左跨一步，成為馬步，同時用右手外撥開甲來掌。（圖4-37）

2.外擋防拳

甲見右掌落空，速用左直拳向乙胸部擊打而來，乙速用右臂向外橫擋擋開甲左來拳。（圖4-38）

3.擊打巨厥穴

動作不停，乙用左直拳向甲胸部巨厥穴猛力擊打，使

圖4-37

圖4-38

甲巨厥穴受傷。（圖4-39）

（四）要　點

外撥防掌要及時，外擋防拳要快速，擊打巨厥穴要準確、猛狠、有力，力達拳面。

圖4-39

（五）效　果

可使甲局部疼痛，造成腹脹嘔吐，甚至破傷內氣，擾亂人體平衡，損壞內臟，造成死亡。

十四、點擊後谿穴

手太陽小腸經腧穴，八脈交會穴之一，通手督脈。

（一）取　穴

第五掌指關節後尺側，當掌指關節後橫紋頭，赤白肉際處當第五掌骨小頭後緣。

（二）解　剖

在小指展肌起點外緣第五掌骨小頭後方，當小指展肌起點外緣，有指背動、靜脈，手背靜脈網，佈有尺神經手背支。

（三）點　法

1.挑架防掌

甲前上右腳一步，同時用左推掌向乙面部推擊而來，

圖 4-40

圖 4-41

乙左腳前上一步，成為左虛步，同時用左臂向上架挑甲左臂，防開其來掌。（圖4-40）

2.外擋防掌

甲見左掌被防，速用右掌向乙胸部推擊，乙右腳右撤一步，同時用左臂向下、向外撥擋開甲右來掌，防開甲來掌。（圖4-41）

圖 4-42

3.擊打後谿

接著乙用左手托住甲右臂，使其不能變化，並用右拳擊打甲右手後谿穴，使甲後谿穴受傷。（圖4-42）

（四）要　點

挑架防掌要及時，外擋防守甲來掌要橫向用力，擊打後谿穴要準確、快速、有力，力達拳面。

（五）效　果

可使甲局部疼痛，造成頭頸強直，耳鳴目眩，甚至破

傷內氣，擾亂人體平衡，損壞內臟。

十五、點打人中穴

人中穴又名水溝、鼻人中、鬼市、鬼客廳。是督脈、手足陽明經交會穴。

（一）取　穴

在人中溝 1/3 與下 2/3 交點處。

（二）解　剖

在口輪匝肌中，有上唇動、靜脈，佈有面神經頰支及眶下神經分支。

（三）點　法

1. 橫斬防掌

甲前上右腳一步，成為馬步，同時用右掌向乙面部抓擊而來，乙右腳前上一步，成為右虛步，同時用右掌向右橫斬甲右臂，防開甲攻來之掌。（圖4-43）

2. 點擊人中

乙右腳前上半步，成為右弓步，同時用右手中指點擊甲面部人中穴。（圖4-44）

3. 被擊後倒

甲人中穴被乙擊中而傷，並向後倒。（圖4-45）

圖4-43

武林點穴搏擊秘技

圖 4-44

圖 4-45

(四) 要　點

橫斬防掌要及時,擊點甲人中穴要快速、準確、有力,力達右手中指指尖。

(五) 效　果

可使甲局部疼痛,牙關緊閉,口眼歪斜,肢體不能動彈,甚至破傷內氣,擾亂人體平衡,損壞內臟,造成死亡。

十六、點擊命門穴

命門穴又名精宮、屬累、竹杖。

(一) 取　穴

在第二腰椎棘突下凹陷中。

(二) 解　剖

有腰背筋膜、棘上韌帶及棘間韌帶,有腰動脈後支、棘突間靜脈叢,佈有腰神經後支內側支。

圖 4-46

圖 4-47

（三）點　法

1.接掌托肘

甲前上左腳一步，成為右虛步，同時用左掌向乙胸部推擊，乙右腳右跨一步，成為馬步，同時用左手接抓住甲左掌，右手托住甲左肘，控制住其左臂。（圖4-46）

圖 4-48

2.擰臂斷肘

乙左手抓其左掌外擰，使其肘關節上翻，並用右手按其肘關節，使其肘關節被拿受折。（圖4-47）

3.點打命門

接著，乙用右拳向甲後腰部命門穴猛力擊打，使其命門穴受傷。（圖4-48）

（四）要　點

接掌托肘要及時，擰臂向外用力，與按肘要連貫協

武林點穴搏擊秘技

調，點擊甲命門穴要快速、準確、有力，力達拳面。

（五）效　果

可使甲局部疼痛，下肢不能動彈，腎臟損傷，或破傷內氣，擾亂人體平衡，損壞內臟，造成死亡。

十七、點擊水分穴

水分穴又名中守、分水。

（一）取　穴

在腹正中線上，臍上 1 寸處。

（二）解　剖

在腹白線上，有腹壁下動、靜脈，佈有第八、九肋間神經前支的內側皮支。內部為小腸。

（三）點　法

1.刁腕防拳

甲前上右腳一步成為右虛步，同時用右拳向乙胸部擊打而來，乙左腳左上一步成為左虛步，同時用右手刁抓住甲右手腕向右後回領，防開甲右拳。（圖4-49）

2.托肘控臂

乙右腳前上步成為右虛步，同時用左手托住甲右肘，使其右臂不

圖4-49

能變化。（圖 4-50）

3.擊打水分

接著，乙用右拳擊打甲小腹部水分穴，使其小腹部受傷。（圖 4-51）

圖 4-50

（四）要　點

刁腕防拳要及時，托肘控臂要牢固，擊打甲水分穴要準確、快速、有力，力達拳面。

（五）效　果

可使甲局部疼痛，造成腹脹嘔吐，甚至破傷內氣，擾亂人體平衡，損壞內臟，造成死亡。

圖 4-51

十八、點打乳中穴

（一）取　穴

乳頭正中央。

（二）解　剖

在第四肋間隙，有胸大肌，深層為第四肋間內、外肌，有肋間動脈、胸外側動靜脈支，佈有胸腹前神經分支。

（三）點　法

1. 雙手捋臂

甲前上右腳一步，成為半馬步，同時用右直拳向乙腹部擊打，乙左腿支撐體重，提右膝，向左稍偏身，同時出兩手，右手固住甲前臂，左手固住甲上臂，向左後捋甲右臂。（圖4-52）

2. 擊打乳中

乙右腳前下落步於甲右腿外後方，別絆住甲右腿，同時用右拳擊打甲胸部乳中穴。（圖4-53）

3. 被擊後摔

甲右胸乳中穴被擊而傷，並向後摔倒。（圖4-54）

（四）要　點

捋臂接手要及時，兩手要粘住其臂，順其來力順勢捋化，擊打甲乳中穴要快速、準確、猛狠。

圖4-52

圖4-53

圖4-54

（五）效　果

可使甲局部疼痛，胸部受傷，損傷內臟，甚至造成死亡。

十九、點打乳下穴

乳下穴又名乳根、氣眼。

（一）取　穴

乳頭直下，位於第五肋間隙，前正中線旁開4寸處。

（二）解　剖

在第五肋間隙，胸大肌下部，深層有第五肋間隙內、外肌，有肋間動脈、胸壁淺靜脈，佈有第五肋間神經的外側皮支，深層為肋間神經幹。

（三）點　法

1. 挑架防掌

甲前上右腳一步，成為右虛步，同時用左掌向乙面部推擊而來，乙右腳前上一步，成為右弓步，同時用左臂向上挑架開甲左掌。（圖4-55）

2. 擊打乳下

乙上體稍左轉，同時用右拳向甲胸部左乳下穴猛力擊打。

圖4-55

（圖 4-56）

3. 被擊倒地

甲左乳下穴被乙右拳擊傷，而後倒摔於地。（圖 4-57）

圖 4-56

（四）要　點

挑架防掌要及時，擊打乳下穴要準確、快速、有力，力達右拳拳面。

（五）效　果

可使甲局部疼痛，胸部受傷，損傷內臟，甚至造成死亡。

二十、點擊風池穴

風池穴又名熱府。是少陽經、陽維脈交會穴。

圖 4-57

（一）取　穴

在項後枕骨下兩側，當斜方肌上端與胸鎖乳突肌之間凹陷中，與風府穴相平處。

（二）解　剖

在胸鎖乳突肌與斜方肌上端附著部之間的凹陷中，深層為頭夾肌，有枕動、靜脈分支，佈有枕小神經分支。

圖 4-58

圖 4-59

（三）點　法

1. 後引帶防

甲前上左腳一步，同時用右拳向乙胸部擊打，乙右腳前上一步，成為右虛步，同時用右手粘住甲右臂外後引帶，防開其來拳。（圖 4-58）

2. 轉身逃脫

甲速左後轉身，後抬抽回右臂，逃脫開乙的引帶。（圖4-59）

3. 點擊風池

乙趁機用右手食指，向甲後腦部風池穴猛力點擊，使甲風池穴受傷。（圖 4-60）

（四）要　點

接手要及時，要粘住甲右臂，順力後引，點擊風池穴要

圖 4-60

準確、快速、有力，力達食指指尖。

（五）效　果

可使甲局部疼痛，造成頭痛目眩，耳鳴嘔吐，肢體不能動彈，甚至破傷內氣，擾亂人體平衡，損壞內臟，造成死亡。

二十一、點打斷喉穴

斷喉穴又稱為廉泉、本池、舌本、喉中。是任脈、陰維脈交會穴。

（一）取　穴

在喉結上方，當舌骨體上緣正中凹陷處。

（二）解　剖

在舌骨上方，左右頜舌骨肌之間，有頸前淺靜脈，佈有頸皮神經的分支，深層為舌根，有舌下神經及舌咽神經的分支。

（三）點　法

1. 直拳擊胸

乙前上右腳一步，成為右虛步，同時用左拳擊打甲胸部，甲右腳前上一步，同時用右掌向左橫拍開乙左沖拳。（圖4-61）

圖4-61

圖 4-62

圖 4-63

2. 二指斷喉

乙左直拳被甲橫拍防開，速用右手食、中兩指，向甲喉部點擊，使甲喉部受傷。（圖 4-62）

3. 被點後倒

甲喉部被乙右手食、中兩指點傷，而後摔倒地。（圖 4-63）

（四）要　點

直拳擊打甲胸部要快速，點擊甲斷喉穴要準確、有力，力達食中兩指指尖。

（五）效　果

可使甲局部疼痛，吞嚥困難，語言困難，甚至破傷內氣，擾亂人體平衡，損壞內臟，造成死亡。

二十二、點打上星穴

上星穴又名神堂、明堂、思堂、鬼堂、名堂。

（一）取　穴

前髮際正中直上 1 寸處。

（二）解　剖

在左右額肌交界處，有額動、靜脈分支及顳淺動、靜脈分支，佈有額神經分支。

（三）點　法

1. 橫斬防掌

甲前上右腳一步，同時用左掌向乙面部推擊，乙右腳右前上步，成為馬步，同時用右前臂向裏橫斬開甲左來掌，使甲來掌落空。（圖 4-64）

2. 外撥防掌

甲見左掌落空，上體左轉成為馬步，同時用左側擊掌向乙胸部擊打而來，乙速向右後撤步成為馬步，同時用左臂向下、向外撥開甲來掌。（圖 4-65）

圖 4-64

圖 4-65

3.點打上星

乙防開甲的推掌，速前上右腳成為右虛步，同時用右手中指點擊甲面部上星穴，使甲上星穴受傷。（圖4-66）

圖4-66

（四）要　點

橫斬、外撥防掌要及時、連貫，點打上星穴要準確、快速、有力，力達中指指尖。

（五）效　果

可使甲局部疼痛，流涕流淚，頭暈目眩，甚至破傷內氣，擾亂人體平衡，損壞內臟，造成死亡。

二十三、點打不容穴

（一）取　穴

在臍上6寸，前正中線旁開2寸，與巨闕穴相平處。

（二）解　剖

在腹直肌及其鞘處，深層為腹橫肌，有腹壁上動、靜脈，第七肋間動、靜分支，佈有第七肋間神經分支。

（三）點　法

1.挑架防掌

甲前上右腳一步，成為馬步，同時用右掌向乙面部推

圖 4-67

圖 4-68

擊，乙左腳前上一步，成為左弓步，同時用右臂向上、向外挑架開甲來掌。（圖4-67）

2.架防來掌

甲見右掌落空，又用左掌向乙面部推擊而來，乙速用左臂向上挑架開甲左來掌。（圖4-68）

3.擊打不容

圖 4-69

乙用右拳向甲左胸部擊打甲不容穴，使甲胸部受傷。（圖4-69）

（四）要　點

挑架防掌要及時、連貫，擊打甲不容穴要快速、準確、有力，力達右拳拳面。

（五）效　果

可使甲局部疼痛，造成胃部受傷，甚至破傷內氣，擾亂人體平衡，損壞內臟，造成死亡。

二十四、點打聽會穴

聽會穴又名聽呵、聽河、後關。

(一)取　穴

在耳屏間切跡前，下頷骨髁狀突後緣，張口有空。

(二)解　剖

有顳淺動脈耳前支，深部為頸外動脈及面後靜脈，佈有耳大神經，皮下為面神經。

(三)點　法

圖 4-70

1. 橫斬防拳

甲前右腳一步，成右虛步，同時用右拳向乙面部擊打，乙右腳前上一步，成為右虛步，同時用左掌向右橫格開甲來拳。（圖 4-70）

2. 刁腕騰手

乙速用右手刁抓住甲右腕向右回領，同時騰出左手，抓握成拳，準備擊打甲。（圖 4-71）

圖 4-71

3. 擊打聽會

乙用左拳，向甲右耳側聽會穴猛力擊打，使甲聽會

穴受傷。（圖4-72）

（四）要　點

橫斬防拳要及時，橫向要用力，點打聽會穴要快速、準確、有力，力達左拳拳面。

圖 4-72

（五）效　果

可使甲局部疼痛，造成耳鳴、耳聾、腮腫、牙痛、下頜脫臼、頭痛，甚至破傷內氣，擾亂人體平衡，損壞內臟，造成死亡。

二十五、點擊腋下穴

腋下穴又名為極泉。

（一）取　穴

在腋窩正中，腋動脈搏動處。

（二）解　剖

在胸大肌的外下緣，深層為喙肱肌，外側為腋動脈，佈有尺神經、正中神經、前臂內側皮神經及臂內側皮神經。

（三）點　法

1.左側閃掌

甲前上右腳一步，成為右虛步，同時用右掌向乙胸部推擊而來，乙右腳前上一步，成為左虛步，並向左側閃身

圖 4-73

圖 4-74

躲開甲來掌。（圖 4-73）

2. 托肘控臂

乙上體稍右後轉，同時用左手向上托開甲右臂，使甲右腋敞開。（圖 4-74）

3. 擊打腋下

乙用右直拳向甲右腋下，猛力擊打，使甲右腋受傷。（圖 4-75）

圖 4-75

（四）要　點

側閃要及時，托肘控臂要牢固，要使甲將腋下空出，擊打甲腋下穴要快速、準確、有力，力達右拳拳面。

（五）效　果

可使甲局部疼痛，造成甲心痛、胸悶、氣短、肋痛，上肢不能動彈，甚至破傷內氣，擾亂人體平衡，損壞內

臟，造成死亡。

二十六、點打期門穴

期門穴是足厥陰肝經募穴，足厥陰、太陰經、陽維脈交會穴。

（一）取　穴

在乳頭直下，第六肋間隙。

（二）解　剖

在腹內、外斜肌腱膜中，有肋間肌，有第六肋間動、靜脈，第六肋間神經。

圖 4-76

（三）點　法

1. 橫拍防拳

甲右腳前上一步，成為右虛步，同時用左直拳向乙胸部擊打，乙右腳前上一步，成為右虛步，同時用右掌向左橫向拍擊開甲來拳。（圖 4-76）

2. 挑架騰手

乙速用左臂向上挑架住甲左臂，控制住甲左臂，使甲左腋空出，乙騰出右手。（圖 4-77）

圖 4-77

3.點打期門

乙用右拳向甲左肋部期門穴猛力擊打，使甲左肋部受傷。（圖4-78）

圖4-78

（四）要　點

橫拍、挑架要及時、連貫，點打期門穴要快速、準確、有力，力達拳面。

（五）效　果

可使局部疼痛，造成食慾不振，嘔吐，胸肋疼痛，小便不利，肝傷胃痛，胸悶、氣短，肢體不能動彈，甚至破傷內氣，擾亂人體平衡，損壞內臟，造成死亡。

第二節　武當點穴搏擊秘技

點穴是以人身穴道和經絡為所擊目標，用迅雷不及掩耳之勢，急脆快猛地運用真氣發勁，點擊人體要害穴位，以截斷其營衛之氣，使氣血閉塞不能流通，以不通則痛等理論為依據，施用點、截、打、拿、踢等不同手法，達到取勝和自衛的目的。武當點穴搏擊秘技不但能用於搏擊自衛，也可健體強身，即使在萬不得已的情況下運用起來，也會給對方造成損傷，因此，本節不但對取穴、點法及要點做了詳盡的圖解，而且對於解穴也相應地加以介紹。以免只會傷人，不會救人，誤了他人性命。

一、百會穴

取穴：位於頭頂，當頭頂正中線與過兩耳尖聯線的交叉中點。

點法：當甲前上右步，成為右弓步，上體前俯，用兩臂抱乙右腿時（圖4-79）。乙左手向前下搬住其下頦上拉（圖4-80）。動作不停，噴氣，用右手中指向甲頭頂百會穴點擊（圖4-81），意念丹田內氣注入右手中指。

要點：搬拉甲下頦要及時，快猛。點擊百會穴時要以氣注入手指，以指猛點。

解法：若百會穴被點傷，輕者可用兩掌相疊按於百會穴上方，勞宮穴對住百會穴進行正反揉轉各49圈，再一按一鬆49次的方法解之；較重者可將川芎9克、當歸15克、赤芍9克、升麻46克、防風9克、紅花9克、陳皮4.5克、乳香4.5克、甘草6克，加水酒各

圖4-79

圖4-80

圖4-81

圖 4-82   圖 4-83

半煎服解之。

二、鼻梁穴

取穴：位於鼻梁正中，人中上 1 寸處。

點法：當乙前滑步，並用右手勾拳貫擊甲左耳部時。甲速用左臂擋架住其來拳之臂（圖 4-82）。動作不停，乙左拳順勢向前沖出去打甲之鼻梁穴（圖 4-83），同時，噴氣，意念丹田內氣注入左拳。

要點：架臂防守要及時，還擊要快速，要以氣注入左拳，以拳猛擊。

解法：若鼻梁穴被點傷，輕者可用拇食兩指輕捏鼻梁，沿鼻梁上下推拉 100 次解之；較重者可將當歸 10 克、川芎 7.5 克、白芍 7.5 克、天麻 2.5 克、尋骨風 10 克、白芷 5 克、肉桂 5 克、三七 10 克、甘草 2.5 克，研末酒沖服解之。

三、太陽穴

取穴：眉外 1 寸陷中，即眉梢眼外眦之間後的 1 寸陷

圖 4-84

圖 4-85

凹中。

　　點法：當乙前滑步用左直拳向乙面部擊來時。甲速用左臂向右橫格開來拳（圖 4-84）。動作不停，噴氣，同時，左拳向前、向右平勾擊打甲之太陽穴（圖 4-85），意念丹田內氣注入右拳。

圖 4-86

　　要領：格臂防守要及時，貫擊太陽穴要快猛，意、氣、力要相合為一體。

　　解法：太陽穴若被點傷（傷勢較輕時），可將當歸 7.5 克、花克、黃芪、白芷、升麻、橘紅各 2.5 克、荊芥、肉桂、川芎各 4 克、甘草 1 克，加童便、陳酒煎服解之。

四、牙腮穴

　　取穴：嘴角向後 2 寸，耳根下 1 寸處為牙腮穴。

　　點法：當甲右腿支撐體重，並用左擺腿擺擊乙腰部時。乙用右臂向外掛擋開來腿（圖 4-86）。動作不停，乙

噴氣，同時用左拳向右平勾擊打甲之牙腮穴（圖 4-87），意念丹田內氣注入左拳。

圖 4-87

要點：掛腿防守要及時，並同時前上右步。左拳勾打牙腮穴時，要快準，要意、氣、力合為一體。

解法：牙腮穴被點傷（傷勢較輕時），可將白芷、山藥、連篙、神曲、麥冬、五味、板梅、赤茯苓、細辛、陳皮各 10 克，共研末酒送服解之。

五、耳根穴

取穴：耳根穴位於兩耳下根部陷凹中。

點法：乙前上左步，並用左直拳擊打甲面部。當甲仰身後閃時迅速用右拳擋開乙之來拳（圖 4-88）。動作不停，乙噴氣，同時，用右手勾拳擊打甲之左耳根穴（圖 4-89），意念丹田內氣注入右拳。

圖 4-88

圖 4-89

要點：兩拳要連貫，出擊要快速，擊打耳根穴要準狠，並要連貫，出擊要為一體。

解法：若耳根穴被點傷（傷勢較輕時），可將川芎6克、薄荷4.5克、薑黃1.5克、當歸9克、澤蘭6克、五加皮6克、烏藥4.5克、莪朮6克、三棱6克、肉桂1.5克、陳皮4.5克、骨碎補6克，水煎服解之。

六、廉泉穴

取穴：廉泉穴處於前中線喉結上方，下頦內。

點法：當甲前滑步，並用左直拳向乙胸部擊來時。乙用右臂向外挑開其來拳之臂（圖4-90）。動作不停，噴氣，同時用右腳踩住甲之左腳面，並用右排指向前直戳點擊甲廉泉穴，意念丹田內氣注入右排指（圖4-91）。

要點：挑臂防守要及時，踩腳點穴要一致，點穴要快準，要意氣力合為一體。

解法：若廉泉穴被點傷（傷勢較輕時），可將麝香1克，馬鈴青、木香、半夏、山楂、元參各5克，共研末服下解之。

圖 4-90

圖 4-91

七、天突穴

取穴：天突穴位於胸骨柄的上緣凹陷中。

點法：乙前上右步，並用左平勾拳擊打甲右耳部（圖4-92）。動作不停，乙噴氣，並用右手指向前直插點擊甲天突穴（圖4-93），意念丹田內氣注入右手食中雙指。

要點：左勾拳右點穴要連貫，點穴要抓住時機，點穴要快準，意氣力合為一體。

解法：若天突穴被點傷（傷勢較輕時），可將內氣運於手掌，勞宮穴對準天突穴，手掌貼按於天突穴上方，正反方向各揉轉49圈後再輕輕拍打49次解之，也可將當歸6克、川芎9克、白芍4.5克、天麻1.5克、白芷3克、肉桂3克、三七6克、甘草1.5克、尋骨風6克研細末，用黃酒沖服，每日兩次，每次3～6克解之。

八、肩井穴

取穴：肩井穴位於肩峰連線之中點，肩部最高處。

圖 4-92

圖 4-93

武林點穴搏擊秘技

圖 4-94

圖 4-95

點法：當甲前上右腳，並用左
平勾拳向乙右耳部擊來時。乙左腳
後退一步，並用右掌反手接握其腕
（圖 4-94）。動作不停，乙右手
握其腕向外、向下、向裏、向上猛
擰（圖 4-95），繼續向下、向
外、向上前擰推其臂。同時噴氣，
並用左手雙指點打甲左肩井穴（圖
4-96），意念丹田內氣注入左手食
中兩指頂端。

圖 4-96

　　要點：接握要及時，擰轉甲之臂要連貫快速。點穴要
準狠，以氣注指，以指猛點。

　　解法：若肩井穴被點傷（傷勢較輕時），可將氣運於
手掌，掌心按於肩井穴上，勞宮穴對準肩上穴，向正反方
向揉轉各 49 圈後，再沿臂外側輕輕向上捋於過肩至頸部之
後再沿臂內側下捋至手心勞宮穴，反覆捋 49 次解之，也可
貼活血膏，內服沒藥 3 服解之。

圖 4-97　　　　　　　　　　圖 4-98

九、天井穴

取穴：天井穴在肘部尺骨鷹嘴上方 1 寸處。

點法：當甲前上右腳，成右弓步，並用右掌向乙胸部擊來時，乙用右手接抓住其掌四指反折其指（圖 4-97）。動作不停，握其指向內上擰轉，使甲之右臂肘關節向上。乙噴氣，同時用左掌外緣向下砍擊甲之天井穴（圖 4-98），意念丹田內氣注入左掌。

要點：接握其指要及時，擰領要快速，砍擊天井穴要快、準、狠。意、氣、力合為一體。

解法：若天井穴被點傷（傷勢較輕時），可運氣於手掌，用掌心沿傷之臂外側由下向上捋 49 次解之。也可將龍膽草、甘草、五加皮、桂枝、柴胡、牛膝、細辛、紅花各 3 克，生地 12 克，丁香 4.5 克，三七 1.5 克共研末，用酒送服解之。

十、中庭穴

取穴：中庭穴在前中線，胸骨下 1.6 寸。

圖 4-99

圖 4-100

點法：乙前滑步，並用左拳向甲面部擊打。使甲後仰躲乙之左拳（圖4-99）。動作不停，乙噴氣，同時用右指尖拳擊打甲之中庭穴（圖4-100），意念丹田內氣注入右拳。

要點：打擊要連貫，右尖拳要快、準、狠，要意、氣、力合為一體。

解法：若中庭穴被點傷（傷勢較輕時），可運氣於手掌，掌心對準中庭穴，輕輕揉轉49圈再一按一鬆49次之後用手掌沿任脈從上向下過中庭穴捋49次解之，也可將三棱25克、赤芍7.5克、血竭5克、當歸5克、蓬朮5克、木香5克、烏藥5克、青皮5克、桃仁5克、延胡索5克、蘇木5克、紅花5克、骨碎補7.5克、桔梗5克、川貝5克，水煎服解之。

十一、期門穴

取穴：穴位於乳下二肋，相當於七八肋間。

點法：當甲前上一步成左弓步，並用左拳向乙面部擊

圖 4-101

圖 4-102

來。乙用左臂向上挑架開甲之來拳（圖 4-101）。動作不停，乙噴氣，用右排指戳擊甲之左期門穴（圖 4-102），意念丹田內氣注入右排指。

要點：挑臂防守要及時，點穴要快、準、狠，以氣注入四指，以指戳點。

解法：若期門穴被點傷（傷勢較輕時），可運氣於手掌按於期門穴上正反方向揉轉各 49 圈，再用掌輕輕拍打 49 次之後沿足厥陰肝經過期門穴上推 49 次解之。也可將延胡索 3 克、木香 3 克、青皮 3 克、烏藥 3 克、橇仁 3 克、蓬朮 3 克、骨碎補 4.5 克、赤芍 4.5 克、蘇木 3 克、當歸尾 3 克、三棱 15 克、大黃 12 克、縮砂 9 克，水煎服解之。

十二、章門穴

取穴：章門穴位於腋中線第十一肋端。

點法：當甲前上左腳成為左弓步，並用左直拳向乙面部擊打。乙速用左手刁抓住甲來拳之腕（圖 4-103）。動作不停，乙噴氣，同時左手握其腕回領，並用右拳擊打甲

圖 4-103

圖 4-104

左章門穴（圖 4-104），意念丹田內氣注入右拳。

　　要點：刁腕要及時，領臂打穴要同時，點穴要準、狠，要運氣於右拳，拳到氣達、意至。

　　解法：若章門穴被點傷（傷勢較輕時），可運氣於手掌按於章門穴上輕揉正反向各 49 圈，再輕輕拍打 49 次後，用掌沿足厥陰肝經過章門穴輕輕上推 49 次解之，也可將延胡索 3 克、木香 3 克、青皮 3 克、烏藥 3 克、桃仁 3 克、蓬朮 3 克、骨碎補 4.5 克、赤芍 4.5 克、蘇木 3 克、當歸尾 3 克、三棱 15 克、大黃 12 克、縮砂 9 克，水煎服解之。

十三、氣門穴

　　取穴：氣門穴在前中線，下腹部，氣眼兩側 3 寸處。

　　點法：乙前滑左步成左弓步，並用左直拳打甲之面部，當甲用右臂挑架乙左拳時（圖 4-105）。乙動作不停，噴氣，同

圖 4-105

時用右手雙指向甲右氣門穴點擊（圖4-106），意念內氣注入右手食中兩指。

要點：打點要連貫，點穴要快、準、狠。要意、氣、力合為一體。

圖4-106

解法：若氣門穴被點傷（傷勢較輕時），可運氣於手掌，按於氣門穴上，以正反方向各輕揉49圈後，再一按一鬆，輕按49次的方法解之，也可將延胡索3克、木香3克、青皮3克、烏藥3克、桃仁3克、蓬朮3克、骨碎補4.5克、赤芍4.5克、蘇木3克、當歸尾3克、三棱15克、大黃12克、縮砂9克、木通5克，水煎服解之。

十四、下陰穴

取穴：下陰穴在前中線襠部。

點法：乙前滑左步，並用左拳向甲面部擊打。當甲用右臂向上挑架乙左拳時（圖4-107），乙動作不停，噴氣，同時，用右彈腿踢打甲之下陰穴（圖4-108），意念丹田內氣注入右腳尖。

要點：沖拳踢穴要連貫。踢穴要快、準、狠。以氣注足，以足踢擊。

解法：若下陰穴被點傷（傷勢較輕時），可將地鱉50個、參三七酒煎服，渣搗爛敷傷處，大忌房事。再將威靈仙、歸尾、杜仲各6.5克、川芎、桑皮、牛膝、大腹皮、劉寄奴各5克、紅花2.5克、甘草1.5克、童便灸水煎酒沖

圖 4-107

圖 4-108

服 5 劑解之。

十五、三陰交穴

取穴：三陰交穴位於內踝尖直上 3 寸，當脛骨後緣處。

點法：當甲右腿支撐體重，用左腿向乙胸部踹擊時，乙用兩臂抄抱住甲之來腿（圖 4-109）。動作不停，乙噴氣，同時起後腳，向甲右腿三陰交穴點踢（圖 4-110），意念丹田內氣注入右腳尖。

要點：抄抱腿要及時，點踢三陰交穴要快、準、狠，

圖 4-109

圖 4-110

要意、氣、力合為一體。

解法：若三陰交穴被點傷（傷勢較輕時），可用手掌沿足陰經由下向上捋 49 次後，將牛膝 7.5 克、歸尾 7.5 克、肉桂 6.5 克、川芎 6.5 克、銀花 5 克、陳皮 5 克、石斛 5 克、虎骨 7.5 克、川斷 7.5 克、骨碎補 7.5 克，酒、水各 1 碗煎成半碗內服解之。

第三節　功家點穴搏擊神技

功家點穴搏擊神技，是運用功夫，採用散手技法，對人體穴位進行攻擊，而收到奇特攻擊效果的一種技擊方法。現就太陽穴、耳門穴、下關穴、牙腮穴、翳風穴、廉泉穴的六大要穴的多種打法，按照穴位、解剖、點法和身體效應的方式介紹如下：

一、太陽穴的點打技法

（一）穴　位

太陽穴在眉梢和外眼角之間斜上方 1 寸之處（眼角外凹處）。

（二）解　剖

在顳筋膜及顳肌之中，有顳筋膜間靜脈叢、顴眶動、靜脈，顳深動、靜脈，佈有淺層耳顳神經，面部神經及深層的顴顳神經，可謂神經密佈。

（三）點　法

1. 格臂貫拳點打

乙吸氣，意念氣沉丹田。當甲前上左腳，成為左弓步，同時用左直拳向乙面部擊打時。乙閉氣，意念丹田內氣上行至膻中穴，分兩股過兩腋下至臂內側，並前上左腳成左弓步，同時身體左轉，用右臂向左橫格開甲之來拳（圖4-111）。動作不停，乙噴氣，同時上體右轉，並用左拳貫擊甲之太陽穴，意念內氣由左臂內側注入左拳（圖4-112）。

2. 架臂貫拳點打

乙吸氣，意念氣沉丹田。當甲前上左腳成左弓步，同時用左拳向乙面部擊來時，乙閉氣，意念丹田內氣上行至膻中穴分兩股過兩腋下至兩臂內側，並用右臂向上、向外架開甲來拳（圖4-113）。動作不

圖 4-111

圖 4-112

圖 4-113

圖 4-114

圖 4-115

停，乙噴氣，同時上體右轉，
並用左拳貫擊甲之太陽穴，意
念內氣由左臂內側注入左拳
（圖 4-114）。

3. 掛腿反背拳砸擊

乙吸氣，意念氣沉丹田。
當甲左腿支撐體重，用右腿向
乙上盤踢來時。乙閉氣，意念
丹田內氣上行至膻中穴分兩股

圖 4-116

過腋下至兩臂內側，並用左臂向外掛擋開甲來腿（圖 4-
115）。動作不停，乙噴氣，同時用右反背拳砸擊甲之右太
陽穴，意念內氣從右臂內側注入右拳（圖 4-116）。

4. 下閃肘頂擊

乙吸氣，意念氣沉丹田。當甲前上左腳成左弓步，同
時用右拳向乙左耳部貫擊時，乙閉氣，意念丹田內氣上行
至膻中穴過右腋下至右臂內側，並下蹲身，閃過甲之來拳
（圖 4-117）。動作不停，乙噴氣，同時身體起立並稍右

圖 4-117

圖 4-118

轉，用右肘頂擊甲右太陽穴，意念內氣由臂內側注入右肘尖（圖 4-118）。

（四）身體效應

太陽穴為頭部要害，可直接影響腦部神經。點打後輕則使甲頭昏眼花、耳鳴腦亂，重則可危及生命。

二、耳門穴的點打技法

（一）穴　位

耳門穴在聽宮穴上方，耳屏上切跡的前方，張口時呈凹陷處。

（二）解　剖

此穴神經密佈。在顴弓下方有顳淺動、靜脈，佈有耳顳神經及面部神經。

圖 4-119　　　　　　　　　　圖 4-120

（三）點　法

1. 架防一指點打

乙吸氣，意念氣沉丹田。當甲前上左腳成為左弓步，同時用右直拳向乙面部擊來時。乙閉氣，意念丹田內氣，上升膻中穴分兩股過兩腋下至兩臂內側，並用左臂向上、向外架開甲之來拳（圖 4-119）。動作不停，乙噴氣，同時用右手中指向前點擊甲之左耳門穴，意念內氣由右臂內側，注入右手中指尖（圖 4-120）。

2. 領腕一指點打

乙吸氣，意念氣沉丹田。當甲前上左腳成為左弓步，同時用左拳向乙面部擊來時。乙閉氣，意念丹田內氣，上升膻中穴分兩股過兩腋下至兩臂內側，並用左掌向外挑開甲之來拳（圖 4-121）。動作不停，

圖 4-121

乙噴氣，同時左掌順勢握住甲之右腕回領，右手中指向前點擊甲左耳門穴，意念內氣由右臂內側注入右手中指尖（圖4-122）。

圖 4-122

（四）身體效應

此穴為頭部要穴，直接影響耳顳神經和面部神經。點擊後，輕則使人耳鳴頭暈失去平衡，重則可危及生命。

三、下關穴的點打技法

（一）穴　位

下關穴在顴弓與下頜切跡所形成的凹陷處。

（二）解　剖

此處為咬肌起部，皮下有腮腺，面橫動、靜脈，深層有上頜動、靜脈。分佈有面神經和耳顳神經分支，最深層為下頜神經。

（三）點　法

1. 格擋一指點打

乙吸氣，意念氣沉丹田。當甲左腳支撐體重，用右腿向乙胸部踢來時，乙閉氣，意念丹田內氣上行膻中穴分兩股過兩腋下至兩臂內側，同時用左臂向前格擋開甲之來腿

圖 4-123

圖 4-124

（圖4-123）。動作不停，乙噴
氣，同時身體左轉，並用右手中
指點擊甲之下關穴，意念內氣由
右臂內側注入右手中指尖（圖
4-124）。

2.格擋二指點打

乙吸氣，意念氣沉丹田。當
甲右腳支撐體重，用左腳向乙胸
部踢擊時。乙閉氣，意念丹田內
氣上行膻中穴過右腋下至右臂內
側，同時馬步站立，並用右臂向
前格擋住甲之來腳（圖4-
125）。動作不停，乙噴氣，同
時上體左轉，同時用右手食中二
指向前點擊甲之左下關穴，意念
內氣由右臂內側注入右手食中二
指指尖（圖4-126）。

圖 4-125

圖 4-126

（四）身體效應

此穴為頭部要穴，直接影響面部神經額支和耳顳神經分支。點擊後，輕者可使甲不能張口、眼前發黑，重則可危及生命。

四、牙腮穴的點打技法

（一）穴　位

牙腮穴位於下腭骨角處骨縫下腭 1 寸處。

（二）解　剖

此穴是腭部要穴。有耳顳神經和面部神經、下腭神經。

（三）點　法

1. 抄腿鳳點拳擊打

乙吸氣，意念氣沉丹田。當甲左腿支撐體重，用右腿向乙胸部踢擊時。乙閉氣，意念丹田內氣上行膻中穴分兩股過兩腋下至兩臂內側，同時用左臂向上抄起甲之來腿（圖 4-127）。動作不停，乙噴氣，同時前滑步進身，並用右鳳點拳，擊打甲右牙腮穴，意念內氣由右臂

圖 4-127

圖 4-128

圖 4-129

中側注入右拳中指節頂（圖
4-128）。

2. 提閃鳳點拳擊打

乙吸氣，意念氣沉丹田。
當甲左腿支撐體重，用右鑣腿
向乙左腿鑣來時。乙閉氣，意
念丹田內氣上行膻中穴過左腋
下至左臂內側，並速提左腿躲
開甲之鑣腿（圖4-129）。動

圖 4-130

作不停，乙噴氣，同時左腳落地成為左弓步，並用左鳳點
拳向前擊打甲之右牙腮穴，意念內氣由左臂內側注入左拳
中指指節頂端（圖4-130）。

（四）身體效應

此穴可直接影響面部神經和下腭神經，點擊後輕者可
使其全身發軟、眼前發黑，重者可危及生命。

五、翳風穴的點打技法

（一）穴　位

翳風穴位於耳垂後，乳突和下頜骨之間的凹陷處。

（二）解　剖

在腮腺後緣，乳突和下頜中間，有耳後動脈，分佈有耳大神經。該部皮下有前顏面神經的耳後支通過。

（三）點　法

1.領臂指點打

乙吸氣，意念氣沉丹田。當甲前上左腳，並用左直拳向乙胸部擊來時。乙閉氣，意念丹田內氣上升膻中穴分兩股至兩臂內側，同時，左掌反接握其腕回領（圖4–131）。動作不停，乙噴氣，同時用右手中指向前點擊甲左翳風穴，意念內氣由右臂內側注入右手中指尖（圖4–132）。

圖4-131

圖4-132

2.格臂二指點打

乙吸氣，意念氣沉丹田。當甲前上右腳成為右弓步，並用左拳向乙胸部擊打時。乙閉氣，意念丹田內氣上行膻中穴過腋下至兩臂內側，並用左臂向右橫格開甲之來拳（圖4-133）。動作不停，乙噴氣，同時用右手食指、中指並齊向前點甲之左翳風穴，意念內氣由右臂內側注入右手食中兩指尖（圖4-134）。

圖4-133

（四）身體效應

直接影響耳後動脈和犬神經，輕點後可致頭疼耳鳴。

圖4-134

六、廉泉穴的點打技法

（一）穴　位

廉泉穴在頸前部正中線，喉頭絡節上方陷中。

（二）解　剖

在下傾舌骨肌，顫舌肌到達舌根部舌肌中。有舌動、靜脈。分佈有舌下神經分支和舌神經。

圖 4-135

圖 4-136

（三）點　法

1. 外格一指點打

乙吸氣，意念氣沉丹田。當甲前上右腳成為右弓步，同時用左拳向乙胸部擊來時。乙閉氣，意念丹田內氣上升膻中穴過左腋下至右臂內側，並用右臂外格開甲之來拳（圖 4-135）。動作不停，乙噴氣，同時，用右手中指向前點擊甲之廉泉穴，意念內氣由右臂內側注入右手中指尖（圖 4-136）。

2. 下壓腕一指點擊

乙吸氣，意念氣沉丹田。當甲前上左腳成左弓步，同時用右拳向乙腹部擊來時。乙閉氣，意念丹田內氣上行膻中穴分兩股過兩腋至兩臂內側，同時，用右臂向下壓住甲之右腕（圖 4-137）。動作不停，乙

圖 4-137

噴氣，同時用右手中指向前直點甲之廉泉穴，意念內氣由右臂內側注入右手中指尖（圖4-138）。

（四）身體效應

直接影響喉部神經，點擊後輕則使甲短時間內無法呼吸，重則可危及生命。

圖4-138

第四節　民間點穴搏擊奇技

民間點穴搏擊是民間流傳的一種，以攻擊甲穴位為目標的技擊技術，其技法以擒拿為副，點穴為主，以擒拿見長，以點穴生效。可謂民間一武術技擊奇葩。

一、拿指點穴

（一）掰抉食指點百會

當甲右腳在前成為右虛步，同時用右手抓乙右腕時（圖4-139），乙速用左手掰甲右手食指，並將其指握於乙左手裏（圖4-140）。動作不停，乙握其食指向左、向上挾折甲食指，使之反關節過度，產生劇痛而向前俯身，不能動彈（圖4-141）。

圖4-139

圖 4-140

圖 4-141

圖 4-142

圖 4-143

接上動作，乙用右拳突出的中指中節頂端點擊甲之百會穴（圖 4-142）。

要點：掰指要快、狠，擰抉要有力。點打甲之百會穴要快速、準確、有力。

(二)掰擰拇指點太陽穴

當甲左腳在前，成為左弓步，同時用左手抓乙右腕時（圖 4-143），乙上體右轉，左手從甲左臂下向右伸，掰

圖 4-144

圖 4-145

圖 4-146

開甲之左拇指，並握在左手裏（圖 4-144）。動作不停，乙左手握其拇指向下、向左、向上擰甲之左拇指，使甲拇指被過度擰旋、拇指關節受挫，產生劇痛而不能動彈（圖 4-145）。

接上動作，乙用右拳突出之中指中節頂端點擊甲之太陽穴（圖 4-146）。

要點：掰指要及時，擰旋要快速、有力。點甲太陽穴要準、狠。

(三)掰折中指插晴明穴

當甲右腳在前，成為右弓步，同時用右手接抓住乙左腕時（圖 4-147），乙左拳下壓甲之右虎口處，並用右手掰開甲之中指，握在右手中（圖 4-148）。動作不停，乙

武林點穴搏擊秘技

圖 4-147

圖 4-148

圖 4-149

圖 4-150

右手握住甲中指向前下折，使甲中指過度反關節，產生劇痛而不能動彈（圖4-149）。

接上動作，乙用左手食、中兩指戳插甲之兩睛明穴（圖4-150）。

要點：掰指要快，折指要猛。點插甲睛明穴要準確、有力。

（四）掰抉拇指點打人中

當甲右腳在前，成為右弓步，同時用右手抓握乙右腕

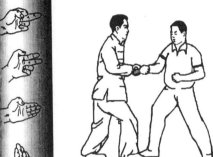

圖 4-151

圖 4-152

圖 4-153

圖 4-154

時（圖4-151），乙右臂向上挑，同時用左手掰甲拇指，握在左手裏（圖4-152）。動作不停，乙握其右拇指前下折抉，使甲拇指過度反關節，產生劇痛而跪地不能動彈（圖4-153）。

　　接上動作，乙用右手食指中指突出之頂端點擊甲之人中穴（圖4-154）。

　　要點：掰指要快，抉折甲拇指要有力。點打甲之人中穴要快速、準確、有力。

圖 4-155

圖 4-156

圖 4-157

圖 4-158

（五）折拇指點廉泉

　　當甲右腳在前成為右虛步，同時用右手接抓乙之右手掌時（圖 4-155），乙右手速握其拇指（圖 4-156）。動作不停，向前推折甲之拇指，使甲拇指被折過度，產生劇痛而不能動彈（圖 4-157）。

　　接上動作，乙左腳前上一步，並用左手中指點插甲之廉泉穴（圖 4-158）。

圖 4-159

圖 4-160

要點：折甲拇指要快、要緊，推折要有力。點插甲之廉泉穴要快速、準確、有力。

（六）別臂折指點章門

當甲左腳在前，同時用右掌向乙胸部推擊時，乙成左虛步，同時用左手刁抓住甲右掌向右、向上擰至掌心向上時，向前折其腕（圖4-159）。動作不停，乙右腳前上一步於甲右腿後方，同時右臂從甲右臂下向左、向上伸（圖4-160）。動作不停，乙用右手搬住甲指、向前下折，使甲勢反，別臂，折指，疼痛難忍而不能動彈（圖4-161）。

接上動作，乙用左掌點戳甲之右肋章門穴（圖4-162）。

圖 4-161

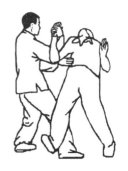

圖 4-162

武林點穴搏擊秘技

要點：刁掌要及時，上步，搬指要一致。搬指別折要有力。點甲章門穴要準、狠。

二、拿腕點穴

(一)擰折腕點期門

當甲左腳在前，欲用左手向乙腹部抓來時，乙左腳在前，並用右手抓握住甲左掌（圖4-163）。乙右手握其左掌向上、向右下猛擰，並用左手抓握住其掌向下折其腕，使甲臂受別、腕受挫，產生劇痛而不能動彈（圖4-164）。

動作不停，乙用右手中指點擊甲之左肋旁期門穴（圖4-165）。

要點：接抓甲左掌要及時，擰臂、折腕要快速、有

圖4-163

圖4-164

圖4-165

圖 4-166

圖 4-168

力。點擊甲之期門穴要準、狠。

（二）抓拳抉腕點乳中

當甲右腳在前，成為右弓步，同時用右拳向乙腹部擊來時，乙右腳在前，成為右弓步，同時用右手刁抓住甲右腕（圖4-166）。

動作不停，乙右手握住甲右

圖 4-168

拳，向上提，並猛前折甲之右腕，使甲右腕屈折超過限度而產生劇痛，不能動彈（圖4-167）。接著乙前上左腳，並用左手中指點擊甲之右乳中穴（圖4-168）。

要點：接拳要及時，握拳提折要猛。點擊甲之乳中穴要準、狠。

（三）送臂抉腕點輒筋

當甲前上右腳成為右弓步，同時用右拳向乙腹部擊來

圖 4-169

圖 4-170

時，乙速向左前上步，成為左
弓步。同時乙用右手刁抓住甲
右腕，並回領（圖 4-169）。
這時甲向回抽右臂，乙右手刁
其拳腕隨之前送，當甲右臂屈
曲時乙猛向左用力折抎甲腕，
使甲腕受折產生劇痛而不能動
彈（圖 4-170）。

圖 4-171

接上動作，乙用左手中指點甲右腋下輒筋穴（圖 4-
171）。

要點：刁腕要及時，屈折甲腕要隨甲抽臂之勁，折腕
力向左後，使甲腕受折超過限度。點甲輒筋穴要快速、準
確、有力。

（四）舉折腕點關元

當甲與乙掌互握住時（圖 4-172），乙速前進左腳，
同時握住甲右掌向上舉，當臂舉直時，速向下、向後折甲

圖 4-172

圖 4-173

右掌腕，使甲腕屈折超過限度，產生劇痛而不能動彈（圖 4-173）。

接上動作，乙用右拳擊打甲之關元穴（圖 4-174）。

要點：舉臂直上，並向右用力，使甲右臂不得屈。當甲臂伸直時，乙折甲掌腕要脆、快、猛。點甲關元穴要快速、準確、有力。

圖 4-174

三、拿肘點穴

（一）折肘踢耳門

當甲右腳在前，成為右弓步，同時用左拳直向乙胸部擊來時，乙左腳在前，同時用右手接抓住甲左拳腕（圖 4-175）。動作不停，

圖 4-175

圖 4-176

圖 4-177

乙用左手拍按甲左肘關節，使甲肘關節過度被折而跪地不能動彈（圖 4-176）。

接上動作，乙用右腳踢甲耳門穴（圖 4-177）。

要點：接抓甲腕要及時，拍擊甲左肘關節要快、準、狠。踢甲耳門穴要準確、有力。

（二）外別肘踢會陰

當甲前上右腳成為右弓步，同時用右直拳向乙胸部擊來時，乙左腳在前，同時用左手抓住甲右腕（圖 4-178）。動作不停，乙右臂向甲右臂下向左上挑挎（圖 4-179）。動作不停，乙右臂向右下按甲右肩部，使甲右臂受別，肘關節被挫產生劇痛而跪地不能動彈（圖 4-180）。

圖 4-178

圖 4-179

圖 4-180

接上動作，乙用左腳踢擊甲會
陰穴（圖 4-181）。

要點：接腕要及時，挑臂、挎
肘要有力，壓肩別臂要猛、狠。踢
甲會陰要準確、有力。

(三)轉身扛肘點關元

當甲前上右腳，成為右弓步，
同時用右手向乙後腰帶抓擊時（圖

圖 4-181

4-182），乙動作不停，乙用左手
抓握住甲右手，並向右轉身（圖 4-183）。動作不停，乙
頭從甲右臂下向右後轉，並用左肩向上扛甲右肘關節，使
甲肘被折，產生劇痛而不能動彈（圖 4-184）。動作不
停，乙用右手食中兩指向甲關元穴猛點（圖 4-185）。

要點：握甲右手要及時，轉身要快，扛肘要有力。點
擊甲之關元穴要準、狠。

圖 4-182

圖 4-183

圖 4-184

圖 4-185

（四）托搬肘踢會陰

當甲前上左腳，同時用
左手向乙胸部抓來時，乙右
手抓住甲左腕，左手托住甲
肘關節（圖 4-186）。動作
不停，乙左手向上托甲左
肘，右手向右下搬甲左腕

圖 4-186

圖 4-187

圖 4-188

（圖 4-187）。接著乙速用右手繼續右下搬甲左腕，使甲左肘受挫，產生劇痛而不能動彈（圖4-188）。

接上動作，乙用左腳猛踢甲襠部會陰穴（圖 4-189）。

要點：抓腕要及時，托肘、搬腕要同時用力。搬腕要快、狠。踢甲襠部會陰穴要準、狠。

圖 4-189

四、拿肩點穴

（一）鎖肩踢耳門

當甲左腳前上一步，成為左弓步，同時用右拳向乙胸部擊來時，乙左腳前上一步成為左弓步，並用右臂向右上架住甲臂（圖 4-190）。動作不停，乙右手反抓住甲右腕，同時用左臂向上挎住甲左臂（圖 4-191）。動作不

圖 4-190

圖 4-191

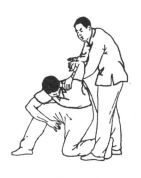

圖 4-192

圖 4-193

停，乙左手鎖住甲左肩向左下按，使甲左肩被鎖，臂被別，產生劇痛而跪地不能動彈（圖 4-192）。

接上動作，乙用左腳踢擊甲右耳門穴（圖 4-193）。

要點：架臂防守要及時，挎臂鎖肩要快速有力。踢甲右耳要快速、準確、有力。

（二）壓肩踢印堂

當甲前上右腳，成為右弓步，同時用右拳向乙腹部擊

圖4-194

圖4-195

來時，乙右腳在前成為右弓步，同時用右手接抓住甲右腕（圖4-194）。動作不停，乙左腳前上一步於甲右腿後，成為左弓步，同時用左掌向前下按壓甲右肩，右手握甲右腕向右上提，使甲右臂過度背伸，產生劇痛而不能動彈（圖4-195）。

圖4-196

接上動作，乙用右腳猛踢甲印堂穴（圖4-196）。

要點：刁抓甲腕要及時，提甲右臂與壓肩要一致，提、壓有力。踢甲印堂穴要快速、準確、有力。

五、拿頸點穴

（一）勒頸鎖喉點期門

當甲前上右步，成為馬步，同時用右側沖拳向乙胸部

圖 4-197

圖 4-198

擊來時，乙左腳在前，成為左弓步，同時用左手向右下按開甲之右拳（圖 4-197）。乙左腳前進步，同時用左臂抱住甲頸向左後勒，並用右掌向右前推甲頭，使甲頸受挫，產生劇痛而不能動彈（圖 4-198）。

接上動作，乙用右手中指點擊甲左期門穴（圖 4-199）。

要點：拍臂防守要及時，勒項要快、要緊、勒頸推頭一致、有力。點擊甲期門穴要快、準、狠。

圖 4-199

(二)抉項撞關元

當甲由前張開雙臂抱乙腰時（圖 4-200），乙速用右臂挾抱住甲頸向左前下按，使甲頸被挾，造

圖 4-200

圖 4-201

圖 4-202

成呼吸困難而不能動彈（圖 4-201）。

　　接上動作，乙用右膝向上撞擊甲關元穴（圖 4-202）。

　　要點：挾甲頸要及時、要緊。撞甲關元穴要準、狠。

第 五 章	點穴搏擊拳術

　　點穴搏擊拳術又名定身拳法，是嵩山少林寺秘傳拳法。它具有古拙、樸實、簡捷、粗壯、實用性較強的風格和擒拿點穴突出的特點。全套共 24 個勢式，組成的拳路只有兩個段落，其中每個勢式都有它不同的實用效果。

第一節　點穴搏擊拳單練套路圖解

一、起　勢

（一）預備動作

　　兩腿伸直併攏，腳尖朝前，兩臂自然下垂，兩手五指併攏貼靠於腿外側，掌指向下，身軀正直，目視前方。（圖 5-1）

　　要領：頭須端正，下頜內收，挺胸、直腰、沉肩、兩肘自然微屈，並向身前微微牽引，神情安靜，做好行拳走勢的準備。

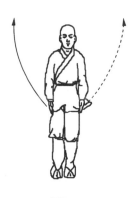

圖 5-1

圖 5-2

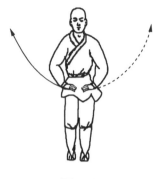

圖 5-3

（二）併步按掌

兩臂向外、向上擺舉，掌心向前，目隨視右手。（圖
5-2）

兩臂屈肘經胸前向下按掌於襠前，兩掌掌指相對，掌
心均向下，目視前方。（圖5-3）

要領：舉臂按掌與轉臉，動作要一致。兩臂由體側上
舉要同時，動作速度要緩慢、均勻，兩掌經胸前下按時須
同時、快速、有力。身體稍向前傾，使腿部著力，五趾緊
抓地面，防止彎腰弓背。

第 一 段

二、摟手弓步推掌

兩臂向兩側撩掌，高與肩平，拇指側向上，目視左
掌。（圖5-4）

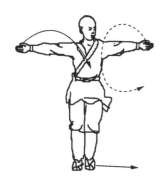

圖 5-4

圖 5-5

左腿左跨一步，兩腿屈膝半蹲成馬步，同時，左掌向前、向下、向外摟手於左膝外側，掌心向下，右掌屈肘於右胸前，掌心向下，目視左方。（圖 5-5）

右腿挺膝蹬直，身體左轉90°，成為左弓步，同時右掌向前直臂立掌推出，小指側向前，目視前方。（圖 5-6）

圖 5-6

要領：上步、摟手要同時，推掌與右腿挺直要一致，推掌要順肩、快速、有力。

三、摟手弓步插掌

左腳後退半步，上體右轉90°，身體重心移於右腿成左虛步，同時，左掌屈臂前探，掌心向上，右掌屈肘收於

圖 5-7

圖 5-8

左肘內側，掌心向下，目視前方。
（圖 5-7）

　　右腳經左腳前上一步成為蓋步，
同時兩掌向右後捋，右掌外翻向右上
屈肘於右耳側，掌心向外，左掌向內
前微屈，掌心向上，目視左掌。（圖
5-8）

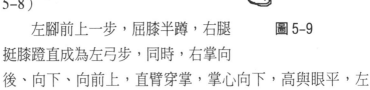

圖 5-9

　　左腳前上一步，屈膝半蹲，右腿
挺膝蹬直成為左弓步，同時，右掌向
後、向下、向前上，直臂穿掌，掌心向下，高與眼平，左
掌下按屈於右腋下，掌心向下，目視右掌。（圖 5-9）

　　要領：探、捋、穿動作要連貫，捋手、上步要同時，
弓步、穿掌要一致，穿掌要快速、有力。

四、彈踢馬步架打

　　身體重心前移，左腿支撐身體，右腳腳面繃直，屈膝
提起向前彈踢，高與襠平，腳尖向前，右掌成拳屈肘抱於

圖 5-10

圖 5-11

腰側，拳心向上，左掌向前立掌直臂推擊，小指側向前，目視左掌。（圖 5-10）

　右腳下落，身體左轉 90°，兩腿屈膝半蹲成為馬步，同時左掌向上架舉於頭左上方，掌心向上，右拳直臂平肩向右側沖拳，拳心向下，目視右方。（圖 5-11）

　要領：彈腿推掌，落步架掌，沖拳要協調一致，動作連貫、快速、有力。

五、纏腕馬步側擊

　右腳裏收半步，身體右轉 90°，重心移於左腿成為右虛步，同時左手下落抓緊右腕，右手掌指上翹，掌心向前，目視前方。（圖 5-12）

　右掌以腕為軸，向外小繞環握拳至拳心向上至收抱腰間（左手仍抓緊右腕），右腳提

圖 5-12

圖 5-13

圖 5-14

起於左膝前，腳尖外撇，目
視前方。（圖 5-13）

右腳在左腳前猛烈震腳
踏地，身體右轉 90°，左腳
隨跳離地，腳背貼在右小腿
後，兩手仍在腰間，目視左
方。（圖 5-14）

左腳向左側出一步成為
馬步，同時左拳向左側直臂
沖拳，拳眼向上，右拳屈抱

圖 5-15

於腰間，拳心向上，目視左拳。（圖 5-15）

要領：小纏時，左手要扣緊右腕，從腕外翻轉，右掌
做提、捲、點、壓、纏繞動作，震腳時腿要半屈膝，要全
腳掌著地，跳踏時，身體不可起伏。

六、架打弓步縮肘

身體重心往前移，上體左轉 90°，成左弓步，同時左

圖 5-16

圖 5-17

拳變掌從身前向額前上方屈肘
環舉上架，掌心向上，右拳向
前直臂沖拳，拳心向下，目視
右拳。（圖 5-16）

　　左掌從上向下、向右拳背
拍打，握住右拳，小指側向
前，左腿稍站起，身體右轉，
右拳和左掌一起屈肘收於右肋
下方，貼近身體，拳心仍向
下，目視左掌。（圖 5-17）

圖 5-18

　　右腳向前上步，右腿屈膝半蹲，左腿挺膝蹬直，成為
右弓步，身體隨之左轉 180°，同時，右肘向上提起，稍微
超過肩高，從上向前、向下繞環壓下，目視前下方。（圖
5-18）

　　要領：左掌屈臂上架，要架於額前上方，右沖拳須快
速、乾脆、有力。上步、轉身、縮肘的動作須同時進行，
肘向前下壓時身軀要稍做前伏。

七、翻砸馬步撐掌

身體重心後移於左腿，右腳內收半步，成為右虛步，同時左掌鬆握右腕，成掌橫掌下壓於腹前，掌心向下，右拳以肘為軸從胸前向上、向前、向下翻拳砸擊，拳心向上，高與鼻平，臂微屈，目視右拳。（圖5-19）

左腿挺膝站立，右腿屈膝上提成獨立步，同時右拳屈肘收抱於右腰側，拳心向上，左掌向前上方，立掌推擊，掌心向前，目視左掌。（圖5-20）

右腳右側落地，兩腿屈膝半蹲，上體左轉90°，成為馬步，同時右拳成掌，兩掌同時向兩側平肩直臂撐出，掌心均向外，目視右掌。（圖5-21）

圖 5-19

要領：左掌下按與右拳翻砸要協調一致，砸擊要快速、乾脆。推掌、

圖 5-20

圖 5-21

提膝、抱拳須同時，落步、撐腰、撐掌要一致，撐掌力達
掌根，撐掌要猛烈打開。

八、抓肩弓步按掌

左腿向右腿後倒插一步成為交叉步，同時左掌向上經
面前向右、向下抓右肩，目視右下方。（圖5-22）

右腳向右撤一步，左腿屈膝半蹲，右腳挺膝蹬直成為
左弓步，同時，右掌由後向上、向前、向下沉肩肘按掌於
右胯旁，掌心向下，左手鬆手握肩成掌向下、向左、向上
於頭左上方亮掌，掌心向上，目視右前方。（圖5-23）

要領：插步、扣按肩要一致，撤步、按掌要協調，動
作須連貫。

九、震腳弓步沖拳

右腳微離地收回提起靠近左腳，同時左掌向下於左胯
後方，掌心向後，掌指向下，右掌向上、向前伸出，掌指

圖5-22

圖5-23

圖 5-24

圖 5-25

圖 5-26

向前，掌心向下，目視右掌。（圖 5-24）

　　身體右轉 90°，右腳腳尖外展下踏震地，左腳提起，同時右掌成拳，屈肘收抱於腰側，拳心向上，左掌由後向上、向前、向下橫掌按於腹前，掌心向下，目視左前方。（圖 5-25）

　　左腳前上步落地屈膝半蹲，右腿挺膝蹬直成為左弓步，同時右拳由腰側向前直臂平肩沖拳，拳心向下，左掌順勢收於右腋下，掌心仍向下，目視右拳。（圖 5-26）

　　要領：震腳換腳要快，不要起伏過大，上步、按掌、沖拳動作要協調一致。沖拳要順肩、快速、有力。

十、馬步架沖拳

　　身體右轉 90° 成為馬步，同時右拳經前上架於頭上

武林點穴搏擊秘技

方，拳眼向下，左掌成拳向
左側直臂沖拳，拳心向下，
目視左拳。（圖5-27）

要領：弓步轉成馬步要
快，不要起伏，架沖拳要一
致，沖拳快速、有力。

圖5-27

第 二 段

十一、下按弓步插掌

左腿支撐身體，右腿屈膝提起，身體右轉90°，上體
微前傾，左拳變掌，經上至胸前橫掌向下平按於右膝前
方，掌指向右，右拳屈肘收抱於右腰側，拳心向上，目視
前下方。（圖5-28）

右腳前下落步，成為右弓步，同時右拳變掌經右臂上
方向前直臂穿掌，掌心向上，高與肩平，左掌順勢收回右
腋下，掌心朝斜上，目視右掌。（圖5-29）

要領：提膝、轉身、按掌須一致，落步、穿掌要同

圖5-28

圖5-29

時，穿掌時左腳蹬地，右肩前送，
要快速、乾脆、有力。

十二、歇步下沖拳

左腳裏收半步，上體右轉
90°，兩腿交叉屈膝全蹲成歇步，
同時右掌成拳屈肘收抱於腰側。拳
心向上，左拳向左側順肩直臂沖
拳，拳心向下，高與胸平，目視左
拳。（圖5-30）

圖5-30

要領：轉身歇步下蹲時，後膝
蓋須緊貼前小腿後側，起伏轉折要
協調一致，沖拳快速有力。

十三、弓步按掌前穿

身體向右後轉180°，左腳後撤
一步成右弓步，同時左拳成掌經上
向前下橫掌按於胸前，目視前方。
（圖5-31）

圖5-31

右拳成掌經左臂上方向前直臂
穿出，掌心向上，高與眼平，左掌
屈臂收於右腋前，掌心向下，目視
右掌。（圖5-32）

要領：轉身按掌，穿掌要協調
一致，穿掌要順肩、快速、有力。

圖5-32

圖 5-33

圖 5-34

十四、摟手弓步沖拳

右腿全蹲成左仆步，同時左掌向左前摟手於左腳上方，掌心向左前，右掌成拳屈肘收抱於腰側，拳心向上，目視左掌。（圖 5-33）

左腿屈膝半蹲，右腿挺膝蹬直成左弓步，同時左手摟握成拳，屈肘收抱於腰側，拳心向上，右拳向前直臂平肩沖拳，拳心向下，目視前方。（圖 5-34）

要領：摟手、弓步、沖拳要協調一致。沖拳要順肩、擰腰、蹬右腿，出拳要快速、乾脆、有力。

十五、纏腕側踹腿

左拳變掌蓋握於右腕上，右拳變掌內旋纏繞，隨即抓握變拳，拳心向上，收於右腰側，上身隨之右轉，同時右腿前蓋步，目視左方。（圖 5-35）

圖 5-35

右腿支撐身體，左腿屈膝提起，向左側上方側踹，腳掌朝左上方，高於

頭，同時兩臂分舉，掌心向外，上體右前傾，目視左側。（圖5-36）

要領：蓋步、纏手要協調一致，右掌變拳後要迅速收回。踹腿要有力。

十六、抓肩馬步架打

左腳向左落步，身體直立成開立步，目視左掌。（圖5-37）

圖5-36

右腳向左腳後插步成交叉步，同時右掌向上、向下抓左肩，左掌向身後勾掛成勾手，勾尖向上，目視左側。（圖5-38）

左腳向左跨步成為馬步，同時左勾手變拳向後、向上屈肘下沉，前臂豎直，拳面向上，目視前方。（圖5-39）

右手鬆抓肩成拳，屈臂前上架於頭前方，拳眼向下，左拳內收於左肩前，拳輪貼身，目視左側。（圖5-40）

上體稍右轉，右臂繼續上架於頭上方，拳眼向下，左拳向左直臂平肩沖拳，目視左拳。（圖5-41）

圖5-37

圖5-38

圖5-39

圖 5-40

圖 5-41

要領：沉肘下壓須與兩腿的屈膝、身體重心的下墜凝為一體，屈膝成馬步時，身微前傾。架臂應架於額前上方，左側沖拳要順肩，快速、有力。

十七、弓步架打頂肘

上體左轉 180°，右腿挺膝蹬直成為左弓步，同時左拳變掌從身前

圖 5-42

向額上方屈肘架掌，掌心朝前上方，右拳屈肘向下，經右肩前向左腋前移動，拳心向下，肘尖向前頂出，臂肘屈平，目視前方。（圖 5-42）

要領：身體左轉時，須注意保持左拳的方位不變，不可隨身轉至左側，頂肘須將肘尖正對前方。

十八、併步捋手磕打

左腿直起，右腳向前併步，同時左掌從上屈肘向右肘

尖前捋按，掌指朝右，掌心朝下，右
拳以肘關節為軸，從左腋外向上、向
前弧形繞環直臂磕打，拳心朝上，在
右拳向前磕打時，左掌隨勢臂外旋使
掌心翻轉朝上托住右肘，目視右拳。
（圖5-43）

圖5-43

　　要領：右拳高與額齊，身法保持
沉肩、直背、塌腰、收腹，膝要挺
直，腳尖要靠近，重心微向前傾，使
兩腿著力，兩腳十趾抓地。

十九、托掌馬步沖拳

　　身體微向後仰閃，左掌順著右臂
下面直臂向前伸出，拇指張開，臂內
旋，掌心向上，向上方托起，同時右
拳從左掌上面抽回，屈肘收抱於右腰
側，拳心朝上，右腳隨之屈膝向身前
提起，目視左掌。（圖5-44）

圖5-44

　　右腳向前落步，身體左轉90°，
兩腿屈膝半蹲成馬步，同時左掌拇指
併攏，屈肘將臂向左外展，環舉於左
肩上方，掌心朝前，右拳向右側方直
臂平伸沖出，拳心向下，目視右拳。
（圖5-45）

　　要領：沖拳與臂肘的外展帶回必
須起動一致，憑藉相互的作用力，來

圖5-45

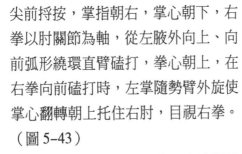

圖 5-46

圖 5-47

增強拳的衝力。

二十、托掌弓步掛壓

　　身體右轉 90°，重心移於左腿，屈膝半蹲，右腳收回半步，成為右虛步，同時左掌向下經腰側向前伸出，掌心向上，臂與肩平，右拳屈臂收於腰側，拳心向上，目視左掌。（圖 5-46）

　　身體再回轉（左轉）90°，右腳向右後掛踏一步成左弓步，上體向前傾，同時左掌成拳屈肘收抱於腰側，拳心向上，右掌向前下推掌，掌心向前下，與左膝相齊，目視右掌。（圖 5-47）

　　要領：向左轉體，右腳收回，左掌伸出與右掌收抱腰間要同時完成，左掌推出須經右掌收回，兩手心相對擦，後再成拳抱於腰側，動作快速、乾脆、有力。

二十一、橫弓步架沖拳

　　上體右後轉體 90°，右腿屈膝半蹲，左腿挺膝蹬直成為

圖 5-48

圖 5-49

右橫弓步，同時，右掌成拳向右上屈臂架於額前上方，拳眼向下，目視前方。（圖 5-48）

上體繼續右轉 90°，右拳由額前上方向右、向下屈肘收抱於右腰側，拳心向上，左拳向左側直臂平肩沖出，拳心向下，目視左拳。（圖 5-49）

要領：轉身架臂，沖拳要協調一致，沖拳要借轉身旋腰之力，沖拳動作快速、乾脆、有力。

二十二、斜飛挨膀擠靠

左腳跟裏轉，左腿隨之屈膝，身體從右向左轉 90°，右腳即離地屈膝提起，在左腿後面用腳面勾扣於膝彎處，腳尖勾緊，同時右拳變掌，掌心向上，隨轉身之勢從右腰側經腹前由左腋下面向左插伸，左拳也變掌，順轉身之勢屈肘環抱於右肩前，屈腕使掌指向上，掌心向右，目視右掌。（圖 5-50）

右腳向右側上步，右腳屈膝半蹲，左腿提膝蹬直成右弓步，同時微向右轉，右掌直臂向右弧形平行擺動，掌心

圖 5-50

圖 5-51

仍向上，左掌側直腕使掌心向下直臂向左弧形平行擺動，右掌稍高過肩斜上舉，左掌低於水平斜下舉，目視右掌。（圖 5-51）

要領：身體右轉，要注意左拳變掌，方位不變，隨勢屈肘環抱，右腳上步屈膝成弓步，與右掌的向右弧形平行擺動，同時完成，右掌擺動時力點在於右上臂外側，肩部也須向前倚靠，擠靠後右掌高與肩齊，左掌低與腰齊，右腿要屈平，左腿要挺直，髖要下沉，腳要踏實，背要直。

二十三、虛步架沖拳

上體左後轉體 180°，左腿屈膝半蹲，右腿挺膝蹬直成為左弓步，同時，左掌向外、向下、向裏屈肘於胸前，掌指向上，掌心向右，右掌直臂向下、向前、向上撩掌，掌指向前，掌心向上，目視右掌。（圖 5-52）

圖 5-52

身體重心後移於右腿，屈膝半蹲，左腿內收半步成為左虛步，同時右掌繼續向上屈臂架於頭上方，掌指向前，左掌成拳由胸前向前直臂沖拳，拳心向下，高與肩平，目視左拳。（圖5-53）

要領：右掌前撩，上架動作要連貫，收步、架掌、沖拳要協調一致，沖拳要順肩、快速、有力。

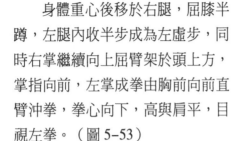

圖 5-53

二十四、收　勢

右腿伸直立起，左腳向右腳併攏成為併步，同時左拳變掌，兩掌分由左右兩側下垂，五指併攏貼靠於腿兩側，掌指向下，目視正前方。（圖5-54）

要領：頭須端正，下頜內收，胸要挺、背要拔，腰要直、肩要鬆，兩臂自然下垂，精神振作。

圖 5-54

第二節　點穴搏擊拳動作對拆圖解

一、摟手弓步推掌

當甲左腿支撐身體，用右腿向乙襠部踢來時，乙成馬步，同時用左手向外摟開甲之右腿。（圖5-55）

圖 5-55

圖 5-56

動作不停，乙右腿挺膝蹬直
成為左弓步，同時用右掌推擊甲
胸部膻中穴。（圖5-56）

要領：摟腿要及時，摟住甲
腿盡力上搬，推擊甲胸部膻中穴
要快速、準確、有力。

二、捋手弓步插掌

當甲右弓步，用右拳向乙腹
部擊來時，乙成半馬步，同時右
手刁住甲之右腕，左手扶其肘部
向右後捋帶甲之右臂。（圖5-
57）

圖 5-57

動作不停，乙向外下擰旋甲
之右臂，使甲右肘部向上，並用
左掌下按其肘，使甲反肘關節而
不能動彈。（圖5-58）

圖 5-58

接上動作，乙左手繼續下
按甲右臂，同時用右掌插戳甲
之喉部廉泉穴。（圖5-59）

圖5-59

要領：刁甲右腕要及時、
準確，捋甲之臂向右後用力並
向外擰旋，壓甲之肘要反關
節、向下用力，插戳甲喉部廉
泉穴要快速、準確、有力。

三、彈踢馬步架打

當甲右弓步，同時用右拳向乙面部打來時，乙左腿支
撐身體，同時用左手向左上架開甲右拳，並用右腿彈踢甲
襠部會陰穴。（圖5-60）

動作不停，乙右腳下落成為馬步，同時左手順勢握住
甲右腕向左後領架，使甲不能後退，並用右側沖拳擊打甲
胸巨闕穴。（圖5-61）

要領：架臂防守要及時，踢襠會陰穴要快速、準狠，

圖5-60

圖5-61

領架甲右臂，沖拳擊胸巨闕穴要同時，擊胸巨闕穴要快速、準確、有力。

四、纏腕馬步側擊

當甲馬步、用右側沖拳向乙胸部擊來時，乙虛步站立，同時右手向上，左手向下，將甲右掌按於乙右腕上，左掌扣牢甲右掌背。（圖5-62）

動作不停，乙左腳前上於甲右腿後，掛住其腿，身體右後轉成馬步，同時以右掌外緣向外、向下切擊甲右腕，並用左肘下壓甲右肘關節。（圖5-63）

接上動作，乙右手順勢握甲右腕回領，同時用左側沖拳及左臂肘向左後橫擊甲之胸部乳中、膻中穴。（圖5-64）

要領：做纏腕時，要將甲右掌牢牢地夾在乙右腕上，左掌心下，左掌指緊扣

圖 5-62

圖 5-63

圖 5-64

住甲右掌掌背，使其不能抽脫，纏、壓、切甲之右腕要乾脆、快速、有力，纏壓時要上左腿於甲右腿後掛牢其腿，使甲不能變化，領甲右臂與左臂側擊要一致，側擊要有向左後之橫向之力，側擊要快、猛。

五、架打弓步縮肘

當甲左弓步，用右沖拳向乙面部擊來時，乙左弓步，同時用左掌向上架開甲之右臂，並用右拳擊打甲胸部。（圖5-65）

甲速用左肘外掛乙右拳後，並欲用左掌推擊乙胸部。（圖5-66）

動作不停，乙右臂屈肘，將甲之左掌挑於乙右腕上，乙左掌向下按住甲右掌背。（圖5-67）

接上動作，乙右腳前上成右弓步，同時向前、向左下縮肘，使甲左腕被折，外關穴受傷而不能動彈。（圖5-68）

要領：架防擊打要及時協調一致，挑腕將甲左掌按牢於乙右腕上，使甲不能抽脫，縮肘切壓甲左腕外關穴要快

圖5-65

圖5-66

圖 5-67　　　　　　　　　圖 5-68

速、乾脆、有力。

六、翻砸馬步撐掌

當甲右弓步，用右拳向乙腹部擊打時，乙成右虛步，同時用左掌向下按開甲之右拳，並用右翻砸拳砸擊甲面部，甲見乙用右拳砸擊，速用左臂架住乙右拳。（圖5-69）

動作不停，乙右腿提膝，左掌前推開甲左臂。（圖5-70）

圖 5-69　　　　　　　　　圖 5-70

接上動作，乙右腳右下落地於甲左腿後方，成為馬步，並掛住甲左腿，使甲不能變化，同時乙左、右兩臂分撐，並用右臂向右後撐撞甲胸部膺窗、玉堂穴。（圖5-71）

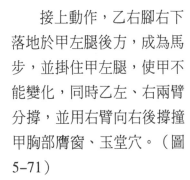

圖5-71

要領：按掌防打要及時，翻砸要快速、有力，推臂、落步、撐掌動作要快速、連貫，落步掛腿要牢固，撐掌擊胸膺窗、玉堂穴要有向右後橫向之力，橫擊要猛、狠。

七、抓肩弓步按掌

當甲左弓步，左手抓乙右肩時，乙成交叉步，同時用左手按住甲左手背於乙右肩上。（圖5-72）

動作不停，乙右腳右撤步於甲左腿後方成左弓步，同時用右臂向上繞於甲左臂內側纏住甲左臂下壓其左肘關節，並用左掌後拍甲之胸部玉堂穴。（圖5-73）

要領：將甲左掌按牢於乙右肩上，使甲不能抽出，纏臂下壓要有力，拍擊甲胸部玉堂穴要猛、狠、準。

圖5-72

圖 5-73

圖 5-74

圖 5-75

圖 5-76

八、震腳弓步沖拳

乙提右腳，同時用右爪抓擊甲面部，甲右弓步，速用左臂向上架住乙右臂。（圖 5-74）

動作不停，甲用右拳向乙腹部擊來，乙右腳震腳，提左膝，同時用左掌向左後按開甲來拳。（圖 5-75）

接上動作，乙左腳前上於甲右腳後，掛住其腿成左弓步，同時用右拳擊打甲胸部膻中穴。（圖 5-76）

圖 5-77   圖 5-78

　　要領：抓擊甲面部要快速，震腳換步要與按左掌一致，按掌防甲右拳要及時，並向左後上步掛腿要牢，使甲不能變化，擊打甲胸部膻中要快速、準確、有力。

九、馬步架沖拳

　　當甲右弓步，用右沖拳向乙面部擊打時，乙馬步，並用右臂向上架開甲右臂。（圖 5-77）

　　動作不停，乙右手順勢抓握住甲右腕向右上領，同時前上左腳，身體右後轉成馬步，並用左側沖拳擊打甲右肋部章門穴。（圖 5-78）

　　要領：架臂防守要及時，領臂、上步、側沖拳擊甲右肋章門穴要一致，擊打肋部章門穴要快速、準確、有力。

十、下按弓步插掌

　　當甲左弓步，用右拳向乙胸部擊來時，乙右腿提膝防甲之上步踩腳。同時用左掌向下按開甲之右拳。（圖 5-79）

圖 5-79　　　　　　　　　圖 5-80

　　動作不停，乙左手順勢抓握甲右腕回領，同時落右腳
成右弓步，並用右掌插擊甲之喉部廉泉穴。（圖 5-80）

　　要領：按掌防甲右拳要及時，領臂、落步、插喉要一
致，插擊喉部廉泉穴要快速、準確、有力。

十一、歇步下沖拳

　　當甲左弓步，用右沖拳擊打乙胸部時，乙成右弓步，
同時用右手向右推開甲右腕。（圖 5-81）

　　動作不停，乙右手順勢抓握甲右腕回領，同時身體右

圖 5-81

後轉成歇步，並用左
沖拳擊打甲襠部會陰
穴。（圖5-82）

　　要領：推防甲右
拳要及時，領臂沖拳
擊襠部會陰穴要一
致，擊襠會陰穴要快
速、準確、有力。

圖5-82

十二、弓步按掌前穿

　　當甲右弓步，用右沖拳向乙胸部擊來時，乙成右弓
步，同時用左掌向下按開甲右拳。（圖5-83）

　　動作不停，左手順勢按握甲右腕回領，同時用右掌向
甲喉部廉泉穴穿插。（圖5-84）

　　要領：按掌防甲右沖拳要及時，並要順握其腕回領，
回領的同時用右掌穿擊甲喉部廉泉穴，穿擊甲喉部廉泉穴
要快速、準確、有力。

圖5-83

圖5-84

武林點穴搏擊秘技

圖 5-85

圖 5-86

十三、摟手弓步沖拳

當甲右弓步，用右沖拳向乙面部擊來時，乙成仆步，左腳於甲右腳外側後方掛住其腳後跟，同時用左手向外摟甲右膝內側，使甲站立不穩。（圖 5-85）

動作不停，乙成左弓步，同時用右沖拳擊打甲胸部期門穴。（圖 5-86）

要領：仆步下蹲身防躲甲右拳要及時，掛摟甲右腿要一致，沖拳擊打胸部期門穴要快速、準確、有力。

十四、纏腕側踹腿

當甲右手抓住乙右腕時，乙左手按在甲右手背上，同時用右掌外緣向右切、纏、壓甲之腕。（圖 5-87）

動作不停，乙用左

圖 5-87

第五章 點穴搏擊拳術

247

側踹腿踹擊甲面部地倉穴。（圖5-88）

要領：按甲右手於乙右腕上要牢固，纏腕、切壓撐要快狠，並隨之右轉身，踹擊甲地倉穴要快速、準確、有力。

圖 5-88

十五、抓肩馬步架打

當甲右弓步，用右手抓乙左肩時，乙馬步站立，右手上舉。（圖5-89）

動作不停，乙右手按於甲右手背於乙左肩上。（圖5-90）

接上動作，乙用左肘由甲右前臂外向上於甲前臂上方時向下壓肘截擊甲右腕陽谷穴、陽池穴。（圖5-91）

要領：按甲右掌背於乙左肩上要牢固，使甲不能抽脫，壓肘截擊腕部腕陽谷穴、陽池穴要快速、準確、有力。

圖 5-89

圖 5-90

圖 5-91

圖 5-92

圖 5-93

圖 5-94

十六、弓步架打頂肘

當甲左弓步，用左沖拳向乙面部擊來時，乙馬步站立，同時用右臂向上架開甲左臂。（圖 5-92）

動作不停，乙右手順勢握住甲左腕右上領，同時用左側沖拳擊打甲左肋部。（圖 5-93）

甲速用右沖拳向乙右部擊來時，乙速屈左臂向上架開甲右沖拳。（圖 5-94）

接上動作，乙成左弓
步，同時用右肘頂擊甲胸
部膻中穴。（圖5-95）

要領：架臂防守要及
時，領臂、左側拳要一
致，擊肋要快、準、狠。
架防甲右沖拳要快速，頂

圖5-95

肘撞胸膻中穴要隨左轉
身，頂肘撞擊膻中穴要快、準、猛、狠。

十七、併步捋手磕打

當甲左弓步，用右推掌擊乙胸部時，乙成左弓步，同
時用左掌向下扒按開甲右推掌，同時，右拳於胸前上舉。
（圖5-96）

動作不停，乙右腳前上成併步，同時用右拳磕打甲面
部印堂穴。（圖5-97）

要領：扒按防守甲左推掌要及時，磕打印堂穴要快
速、準確、有力。

圖5-96

圖5-97

圖 5-98

圖 5-99

十八、托掌馬步沖拳

當甲左腿前上成左弓步，用左沖拳向乙腹部擊來時，乙速提右膝防甲踩腳，同時用左掌向右上托開甲左拳。（圖5-98）

動作不停，乙左手順勢握住甲左腕向左上領，同時右腳前下落步於甲左腳外側後方，掛住其左腿成為馬步，並用右拳側擊甲胸部期門穴。（圖5-99）

要領：托臂防守甲左沖拳要及時，領臂落步、側沖拳要一致，側沖拳擊甲胸腹部期門穴要有向後橫擊之力，擊胸期門穴要快、準、狠。

十九、推掌弓步掛壓

當甲馬步，用左側沖拳向乙胸部擊來時，乙成右虛步，同時用左掌向前橫推開甲左沖拳。（圖5-100）

動作不停，乙左手順勢握住甲左腕向左後回領，同時，右手向前下按壓甲左肩胛部位神堂穴，右腳由甲左腳

圖 5-100　　　　　　　　　　　　　圖 5-101

前向後掛甲左腿，使甲前摔倒地。（圖 5-101）

　　要領：推臂防拳要及時，領臂、壓肩、掛腿要一致，壓肩神堂穴要快速、準確、猛狠，掛腿要快速、有力。

二十、橫弓步架沖拳

　　當甲左弓步，用左沖拳向乙面部擊來時，乙右弓步，同時用右臂向右上方架開甲來拳。（圖 5-102）

　　動作不停，乙右手順勢抓握甲左腕回領，上體右轉成橫弓步，同時用左沖拳擊打甲胸部膻中穴。（圖 5-103）

　　要領：架臂防守要及時，領臂、沖拳擊甲胸部膻中穴要一致，擊打胸部膻中穴要快速、準確、有力。

二十一、斜飛挨膀擠靠

　　當甲左弓步，用左沖拳向乙腹部擊來時，乙成右扣步，同時右掌托甲左臂，左掌按其左臂順其來拳之勁向左将帶。（圖 5-104）

　　動作不停，乙左手順握其左拳腕向左回領，同時前上

圖 5-102

圖 5-103

圖 5-104

圖 5-105

右腳於甲左腳後方絆住甲左腿，並用右臂向右挨膀擠靠甲左肋部淵腋穴。（圖 5-105）

要領：托按甲左臂於兩掌之間順勢捋帶，上步要絆甲之腿，與握腕回領、擠靠要一致。擠靠甲淵腋穴要快速、準確、有力。

二十二、虛步架沖拳

當甲右弓步，右沖拳向乙面部擊來時，乙成左弓步，

圖 5-106　　　　　　　　　圖 5-107

同時用右掌向上托架甲右拳。（圖 5-106）

　　動作不停，乙右手順勢握住甲右腕向右上回頭，身體
重心後移成左虛步，同時用左沖拳擊打甲腹部關元穴。
（圖 5-107）

　　要領：托掌防守甲右沖拳要及時，領臂架拳回領與沖
拳擊腹關元穴要一致，擊打腹部關元穴要快、準、狠。

第六章　人　體　圖

一、人體要害部點陣圖

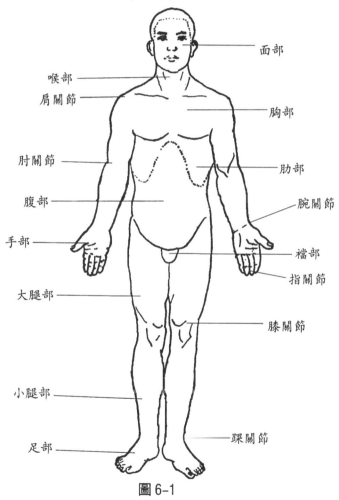

面部
喉部
肩關節
胸部
肘關節
肋部
腹部
腕關節
手部
襠部
指關節
大腿部
膝關節
小腿部
踝關節
足部

圖 6-1

二、人體十四經絡圖（正面）

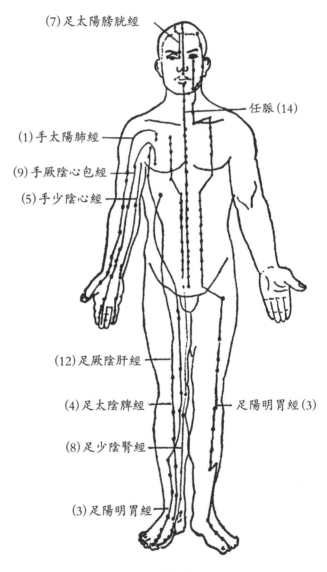

(7)足太陽膀胱經

任脈(14)

(1)手太陽肺經

(9)手厥陰心包經

(5)手少陰心經

(12)足厥陰肝經

(4)足太陰脾經

足陽明胃經(3)

(8)足少陰腎經

(3)足陽明胃經

圖 6-2

武林點穴搏擊秘技

三、人體十四經絡圖（側面）

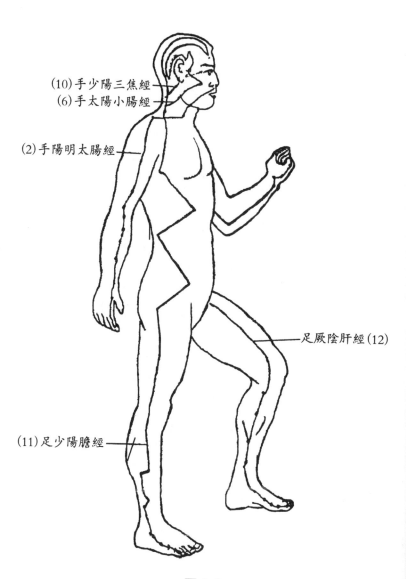

(10)手少陽三焦經

(6)手太陽小腸經

(2)手陽明太腸經

足厥陰肝經(12)

(11)足少陽膽經

圖 6-3

四、人體十四經絡圖（背面）

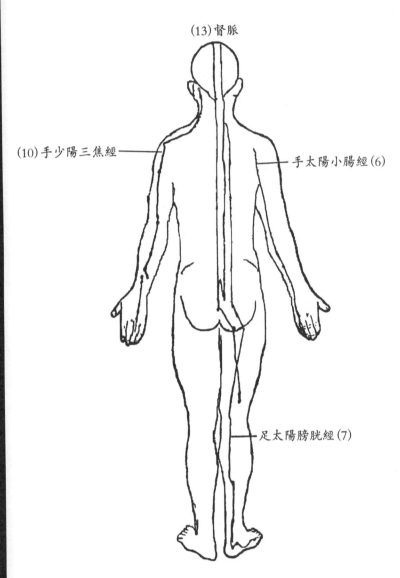

(13)督脈

(10)手少陽三焦經

手太陽小腸經(6)

足太陽膀胱經(7)

圖 6-4

武林點穴搏擊秘技

五、人體要害穴位圖（正面）

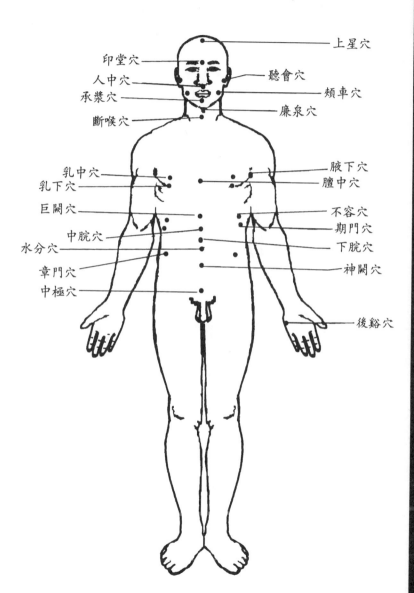

印堂穴
人中穴
承漿穴
斷喉穴

乳中穴
乳下穴
巨闕穴
中脘穴
水分穴
章門穴
中極穴

上星穴
聽會穴
頰車穴
廉泉穴

腋下穴
膻中穴
不容穴
期門穴
下脘穴
神闕穴

後谿穴

圖 6-5

六、人體要害穴位圖（背面）

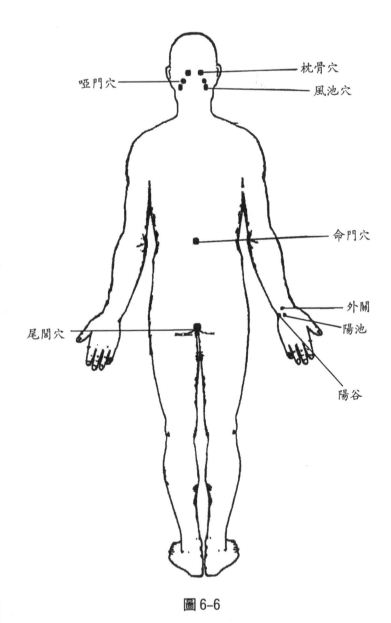

枕骨穴

啞門穴

風池穴

命門穴

外關

陽池

尾閭穴

陽谷

圖 6-6

武林點穴搏擊秘技

七、人體擒拿骨骼圖（正面）

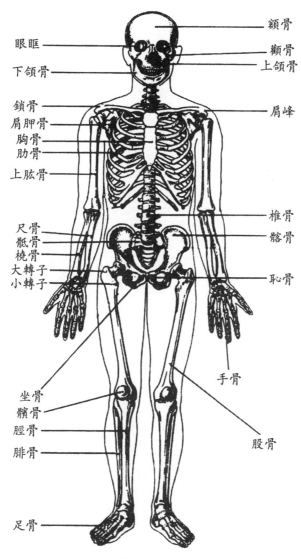

額骨
眼眶
顴骨
下頜骨
上頜骨
鎖骨
肩峰
肩胛骨
胸骨
肋骨
上肱骨
椎骨
尺骨
髂骨
骶骨
橈骨
大轉子
恥骨
小轉子
手骨
坐骨
髕骨
脛骨
股骨
腓骨
足骨

圖 6-7

八、人體擒拿骨骼圖（側面）

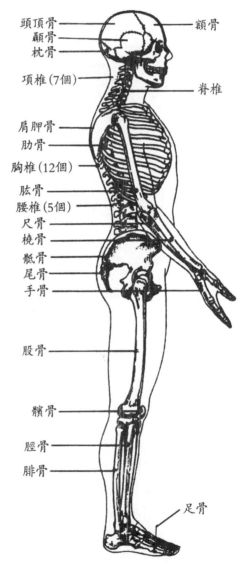

頭頂骨　　　　　　　　　額骨
顳骨
枕骨

項椎(7個)　　　　　　　脊椎

肩胛骨
肋骨
胸椎(12個)
肱骨
腰椎(5個)
尺骨
橈骨
骶骨
尾骨
手骨

股骨

髕骨

脛骨

腓骨

足骨

圖 6-8

大展出版社有限公司
品冠文化出版社

圖書目錄

地址：台北市北投區(石牌)　　　電話：(02) 28236031
　　　致遠一路二段 12 巷 1 號　　　　　　28236033
郵撥：01669551＜大展＞　　　　　　　　28233123
　　　19346241＜品冠＞　　　傳真：(02) 28272069

·熱　門　新　知· 品冠編號 67

1.	圖解基因與 DNA	中原英臣主編	230 元
2.	圖解人體的神奇 （精）	米山公啟主編	230 元
3.	圖解腦與心的構造	永田和哉主編	230 元
4.	圖解科學的神奇 （精）	鳥海光弘主編	230 元
5.	圖解數學的神奇 （精）	柳谷晃著	250 元
6.	圖解基因操作 （精）	海老原充主編	230 元
7.	圖解後基因組 （精）	才園哲人著	230 元
8.	圖解再生醫療的構造與未來	才園哲人著	230 元
9.	圖解保護身體的免疫構造	才園哲人著	230 元
10.	90 分鐘了解尖端技術的結構	志村幸雄著	280 元
11.	人體解剖學歌訣	張元生主編	200 元
12.	醫院臨床中西用藥	杜光主編	550 元
13.	現代醫師實用手冊	周有利主編	400 元
14.	骨科手術進路歌訣	張元生主編	220 元
15.	動物解剖原色圖譜	王會香主編	250 元

·智　力　運　動· 品冠編號 691

1.	怎樣下國際跳棋	楊永編著	220 元
2.	國際跳棋攻殺練習	楊永編著	250 元
3.	圍棋知識	程曉流編著	180 元
4.	象棋知識	楊柏偉編著	200 元
5.	橋牌知識	周飛衛編著	180 元
6.	西洋棋知識	林峰編著	180 元
7.	五子棋知識	仇慶生編著	180 元
8.	田棋	吳國勝著	220 元

·圍棋輕鬆學· 品冠編號 68

1.	圍棋六日通	李曉佯編著	160 元
3.	定石的運用	吳玉林等編著	280 元
4.	死活的要點	吳玉林等編著	250 元
5.	中盤的妙手	吳玉林等編著	300 元

·休 閒 生 活· 品冠編號 71

1. 家庭養蘭年年開	殷華林編著	300 元
2. 盆栽培養與欣賞	廖啟欣編著	220 元
3. 盆景形式美與造型	蕭遣編著	280 元
4. 樹木盆景製作技法	吳詩華編著	300 元
5. 山水盆景製作技法	仲濟南編著	280 元
6. 根雕製作技法	汪傳龍編著	320 元
7. 君子蘭栽培實用技法	岳粹純編著	300 元

·女醫師系列· 品冠編號 62

1. 子宮內膜症	國府田清子著	200 元
2. 子宮肌瘤	黑島淳子著	200 元
3. 上班女性的壓力症候群	池下育子著	200 元
4. 漏尿、尿失禁	中田真木著	200 元
5. 高齡生產	大鷹美子著	200 元
6. 子宮癌	上坊敏子著	200 元
7. 避孕	早乙女智子著	200 元
8. 不孕症	中村春根著	200 元
9. 生理痛與生理不順	堀口雅子著	200 元
10. 更年期	野末悅子著	200 元

·傳統民俗療法· 品冠編號 63

1. 神奇刀療法	潘文雄著	200 元
2. 神奇拍打療法	安在峰著	200 元
3. 神奇拔罐療法	安在峰著	200 元
4. 神奇艾灸療法	安在峰著	200 元
5. 神奇貼敷療法	安在峰著	200 元
6. 神奇薰洗療法	安在峰著	200 元
7. 神奇耳穴療法	安在峰著	200 元
8. 神奇指針療法	安在峰著	200 元
9. 神奇藥酒療法	安在峰著	200 元
10. 神奇藥茶療法	安在峰著	200 元
11. 神奇推拿療法	張貴荷著	200 元
12. 神奇止痛療法	漆浩著	200 元
13. 神奇天然藥食物療法	李琳編著	200 元
14. 神奇新穴療法	吳德華編著	200 元
15. 神奇小針刀療法	韋丹主編	200 元
16. 神奇刮痧療法	童佼寅主編	200 元
17. 神奇氣功療法	陳坤編著	200 元

·常見病藥膳調養叢書· 品冠編號 631

1.	脂肪肝四季飲食	蕭守貴著	200 元
2.	高血壓四季飲食	秦玖剛著	200 元
3.	慢性腎炎四季飲食	魏從強著	200 元
4.	高脂血症四季飲食	薛輝著	200 元
5.	慢性胃炎四季飲食	馬秉祥著	200 元
6.	糖尿病四季飲食	王耀獻著	200 元
7.	癌症四季飲食	李忠著	200 元
8.	痛風四季飲食	魯焰主編	200 元
9.	肝炎四季飲食	王虹等著	200 元
10.	肥胖症四季飲食	李偉等著	200 元
11.	膽囊炎、膽石症四季飲食	謝春娥著	200 元

·壽 世 養 生· 品冠編號 632

1.	催眠與催眠療法	余萍客	350 元
2.	實驗長命法	胡嘉英等著	200 元
3.	男女養生術	吳履吉著	220 元
4.	回春養生術	陸明編著	220 元
5.	道家氣功健康法	陸明選輯	230 元
6.	仙道氣功法及應用	陸明選輯	250 元
7.	氣功健康保養	陳景霖主編	250 元
8.	借力健康秘訣	劉昊廷主編	230 元
9.	仙道運氣健康法	呂奕群主編	230 元
10.	身心調和法 心身鍛鍊法	劉仁航著	180 元
11.	氣功藥餌療法與救治偏差手術	周潛川著	300 元
12.	內經知要述義	周潛川著	240 元
13.	仙道冥想法	鐘文訓編譯	220 元
14.	仙道長生不老學	陸明編譯	230 元

·彩色圖解保健· 品冠編號 64

1.	瘦身	主婦之友社	300 元
2.	腰痛	主婦之友社	300 元
3.	肩膀痠痛	主婦之友社	300 元
4.	腰、膝、腳的疼痛	主婦之友社	300 元
5.	壓力、精神疲勞	主婦之友社	300 元
6.	眼睛疲勞、視力減退	主婦之友社	300 元

·休閒保健叢書· 品冠編號 641

| 1. | 瘦身保健按摩術 | 聞慶漢主編 | 200 元 |
| 2. | 顏面美容保健按摩術 | 聞慶漢主編 | 200 元 |

·名　醫　與　您· 品冠編號 6501

·健康新視野· 品冠編號 651

8.	怪人四十面相	（精）	江戶川亂步著	特價 230 元
9.	宇宙怪人	（精）	江戶川亂步著	特價 230 元
10.	恐怖的鐵塔王國	（精）	江戶川亂步著	特價 230 元
11.	灰色巨人	（精）	江戶川亂步著	特價 230 元
12.	海底魔術師	（精）	江戶川亂步著	特價 230 元
13.	黃金豹	（精）	江戶川亂步著	特價 230 元
14.	魔法博士	（精）	江戶川亂步著	特價 230 元
15.	馬戲怪人	（精）	江戶川亂步著	特價 230 元
16.	魔人銅鑼	（精）	江戶川亂步著	特價 230 元
17.	魔法人偶	（精）	江戶川亂步著	特價 230 元
18.	奇面城的秘密	（精）	江戶川亂步著	特價 230 元
19.	夜光人	（精）	江戶川亂步著	特價 230 元
20.	塔上的魔術師	（精）	江戶川亂步著	特價 230 元
21.	鐵人Q	（精）	江戶川亂步著	特價 230 元
22.	假面恐怖王	（精）	江戶川亂步著	特價 230 元
23.	電人M	（精）	江戶川亂步著	特價 230 元
24.	二十面相的詛咒	（精）	江戶川亂步著	特價 230 元
25.	飛天二十面相	（精）	江戶川亂步著	特價 230 元
26.	黃金怪獸	（精）	江戶川亂步著	特價 230 元

·名 人 選 輯· 品冠編號 671

1.	佛洛伊德	傅陽主編	200 元
2.	莎士比亞	傅陽主編	200 元
3.	蘇格拉底	傅陽主編	200 元
4.	盧梭	傅陽主編	200 元
5.	歌德	傅陽主編	200 元
6.	培根	傅陽主編	200 元
7.	但丁	傅陽主編	200 元
8.	西蒙波娃	傅陽主編	200 元

·武 學 釋 典· 大展編號 A1

1.	顧留馨太極拳研究	顧留馨著	380 元
2.	太極密碼 中國太極拳百題解	余功保著	200 元
3.	太極拳今論	薛蔚昌著	200 元
4.	意拳正軌	劉正編纂	330 元
5.	二十四式太極拳技擊含義闡釋	王鋒朝著	200 元
6.	汪永泉授楊式太極拳語錄及拳照	劉金印整理	200 元
7.	太極拳的力學原理	蕭飛著	200 元
8.	太極拳理論之源《易經》通俗解	于志鈞著	280 元
9.	太極拳理傳真	張義敬著	400 元
10.	太極拳行功心解詳解	蘇峰珍著	240 元
11.	內家拳武術探微	蘇峰珍著	450 元

太極武術教學光碟

太極功夫扇
五十二式太極扇
演示：李德印 等
(2VCD)中國

夕陽美太極功夫扇
五十六式太極扇
演示：李德印 等
(2VCD)中國

陳氏太極拳及其技擊法
演示：馬虹(10VCD)中國
陳氏太極拳勁道釋秘
拆拳講勁
演示：馬虹(8DVD)中國
推手技巧及功力訓練
演示：馬虹(4VCD)中國

陳氏太極拳新架一路
演示：陳正雷(1DVD)中國
陳氏太極拳新架二路
演示：陳正雷(1DVD)中國
陳氏太極拳老架一路
演示：陳正雷(1DVD)中國

陳氏太極拳老架二路
演示：陳正雷(1DVD)中國
陳氏太極推手
演示：陳正雷(1DVD)中國
陳氏太極單刀‧雙刀
演示：陳正雷(1DVD)中國

郭林新氣功
(8DVD)中國

本公司還有其他武術光碟
歡迎來電詢問或至網站查詢
電話：02-28236031
網址：www.dah-jaan.com.tw

原版教學光碟

歡迎至本公司購買書籍

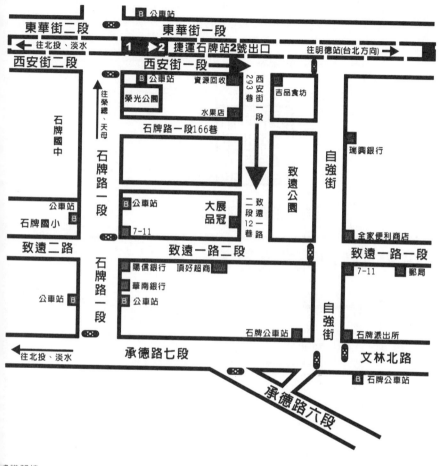

建議路線

1. 搭乘捷運‧公車

　　淡水線石牌站下車，由石牌捷運站2號出口出站(出站後靠右邊)，沿著捷運高架往台北方向走(往明德站方向)，其街名為西安街，約走100公尺(勿超過紅綠燈)，由西安街一段293巷進來(巷口有一公車站牌，站名為自強街口)，本公司位於致遠公園對面。搭公車者請於石牌站(石牌派出所)下車，走進自強街，遇致遠路口左轉，右手邊第一條巷子即為本社位置。

2. 自行開車或騎車

　　由承德路接石牌路，看到陽信銀行右轉，此條即為致遠一路二段，在遇到自強街(紅綠燈)前的巷子(致遠公園)左轉，即可看到本公司招牌。

國家圖書館出版品預行編目資料

武林點穴搏擊秘技／安在峰 編著
－初版－臺北市，大展，2008[民97・01]
面；21公分－（實用武術技擊；16）
ISBN 978-957-468-584-4（平裝）

1. 武術　2. 經穴　3. 中國

528.97　　　　　　　　　　　　96021691

武林點穴搏擊秘技

編　　著／安　在　峰
責任編輯／新　　硯
發 行 人／蔡　森　明
出 版 者／大展出版社有限公司
社　　址／台北市北投區（石牌）致遠一路2段12巷1號
電　　話／(02) 28236031・28236033・28233123
傳　　真／(02) 28272069
郵政劃撥／01669551
網　　址／www.dah-jaan.com.tw
E-mail／service@dah-jaan.com.tw
登 記 證／局版臺業字第2171號
承 印 者／傳興印刷有限公司
裝　　訂／承安裝訂有限公司
排 版 者／弘益電腦排版有限公司
授 權 者／北京人民體育出版社
初版1刷／2008年（民 97年）1月
初版2刷／2014年（民103年）8月　　　　　　　定價／250元

大展好書　好書大展
品嘗好書　冠群可期

大展好書　好書大展
品嘗好書　冠群可期